水行政处罚案卷评查
常见问题及分析

北京市水务综合执法总队 编

中国商业出版社

图书在版编目（CIP）数据

水行政处罚案卷评查常见问题及分析 / 北京市水务综合执法总队编. -- 北京：中国商业出版社，2024.9.
ISBN 978-7-5208-3141-3

Ⅰ．D922.66

中国国家版本馆CIP数据核字第2024C4C084号

责任编辑：滕 耘

中国商业出版社出版发行
（www.zgsycb.com 100053 北京广安门内报国寺1号）
总编室：010-63180647 编辑室：010-83118925
发行部：010-83120835/8286
新华书店经销
鸿博昊天科技有限公司印刷

*

710毫米×1000毫米 16开 12印张 150千字
2024年9月第1版 2024年9月第1次印刷
定价：48.00元

****

（如有印装质量问题可更换）

《水行政处罚案卷评查常见问题及分析》编委会

主　编：李京辉

副主编：唐　展　员明达　袁　洁　李红刚

编委会：

蒋春梅　周　寰　韩向锋　李思敏　李　瑞　程凤飞

李　蒙　李琬玥　王晓锋　杨元辉　梁　凯　刘海星

张旭伟　田　迪　王　岩　苗亚军

前　言

2018年，国务院办公厅发布的国办发〔2018〕118号文件《国务院办公厅关于全面推行行政执法公示制度执法全过程记录制度重大执法决定法制审核制度的指导意见》提出："行政执法全过程记录是行政执法活动合法有效的重要保证。行政执法机关要通过文字、音像等记录形式，对行政执法的启动、调查取证、审核决定、送达执行等全部过程进行记录，并全面系统归档保存，做到执法全过程留痕和可回溯管理。"

2021年《中华人民共和国行政处罚法》第四十七条规定："行政机关应当依法以文字、音像等形式，对行政处罚的启动、调查取证、审核、决定、送达、执行等进行全过程记录，归档保存。"该条法条为新增法条，将国办发〔2018〕118号文件关于全面推行执法全过程记录制度上升到了法律层面。行政执法案卷即是对行政机构执法全过程记录的归档保存，确保所有行政处罚行为有据可查。

本书通过对水行政处罚案卷常见的共性问题进行归纳总结、查找工作中的不足，通过分析行政处罚案卷常见问题并提出完善执法案卷的建议，意在加强行政机构法制人员和执法人员对法律法规、法律适用、案例剖析、办案流程与文书制作等方面的学习，提升执法人员的业务素质和执法能力，进一步提升执法人员的办案水平、规范执法活动、保障当事人的合法权益。

由于编者水平有限，书中难免存在一些疏漏或者不当之处，敬请读者批评指正。

本书编委会

2023 年 12 月 21 日

CONTENTS

目 录

第一章　立案阶段案卷评查常见问题及分析 1

第二章　调查取证阶段案卷评查常见问题及分析 9

第三章　审查决定阶段案卷评查常见问题及分析 55

第四章　送达阶段案卷评查常见问题及分析 71

第五章　执行阶段案卷评查常见问题及分析 81

第六章　结案审批阶段案卷评查常见问题及分析 91

第七章　案件移送程序案卷评查常见问题及分析 97

第八章　水行政执法标准案卷示例 107

附录一　中华人民共和国行政处罚法 155

附录二　北京市实施行政处罚程序若干规定 175

第一章

立案阶段案卷评查常见问题及分析

一、立案呈批表在行政处罚程序中的意义

立案呈批是水行政处罚的开始和必经程序，对于保证水行政处罚的正确进行以及水行政执法依法开展有着重要的意义。

立案呈批表是启动水行政处罚程序的行政文书，执法人员通过日常执法检查，或者在接投诉、举报媒体曝光等方式发现违法行为后，对于疑似违反法律法规的行为进行立案，经领导审查批准，启动调查处理程序。它是一份行政处罚案卷的开始。立案呈批表的内容包括案由、发案地点、当事人信息、案情摘要、报告人信息及承办人、承办部门、行政机关负责人意见。

二、实践中立案呈批表常见问题及原因

常见问题一：立案呈批表中的案由表述不规范，案由选择错误

立案呈批表中的案由表述应准确，严格按照法言法语来表述，应尽可能按照法律条文表述的内容填写案由。案由贯穿整套行政处罚案卷，因此要保证一份行政处罚案卷中各类文书案由表述的一致性。在文书制作过程中易出现案由表述不规范、不完整、口语化及案由选择错误等问题。表述不规范、不完整、口语化主要是因为办案人员在填写立案呈批表时表述严谨性不足；而案由选择错误主要是因为办案人员对法律法规更新后的水行政部门的职权、立案依据及法律适用的学习、理解不全面。

根据《水行政处罚实施办法》[①]第十八条规定："水行政处罚机关应当

[①] 2023年1月5日水利部部务会议审议通过，自2023年5月1日起施行。

公示执法主体、人员、职责、权限、立案依据、实施程序和救济渠道等信息。"北京市水务局官方网站上可以查询到权力、责任清单，在公开的权力、责任清单中有明确的行政处罚清单。因此，执法人员在办案过程中对行政相对人的违法行为进行立案调查时，需要按照权力清单及法律法规的规定、根据官方网站公布的案由信息填写案由，立案呈批表中的案由应与公示的行政处罚清单中的案由表述一致。案由的选择和表述将对后续的责令限期改正通知书、行政处罚事先告知书的案由、法律适用、处罚依据的告知产生影响。例如，办案人员接到举报称发现有人在水库保护范围内取土，该区域属于生态清洁小流域范围，办案人员在立案时选取的案由为"未经批准擅自在河湖保护管理范围内挖取沙土"，而根据公示的行政处罚清单，相应的案由表述已发生变化，因此执法人员应选择与违法事实相匹配的案由。

常见问题二：发案地点记录不具体，与实际违法行为发生地不一致

发案地点是指行为人实施违法行为的地点，表述应明确、具体。法制部门通过对全市的水行政处罚案卷的审查总结发现，立案呈批表中易出现发案地点与实际违法行为发生地不一致的情况。例如，在水土保持类行政处罚案件填写立案呈批表时，办案人员常以项目、地块等名称表述工程地址，且对于发案地点仅表述到城市道路，不能与发案地点的具体位置对应。此时，建议参考当事人提供的该建设项目的项目文件来明确发案地点。

常见问题三：当事人名称使用简称

立案呈批表中另一个常见问题是执法人员在填写当事人名称时使用简称。当事人是企业时，其名称在执法案卷中应始终用全称进行记录，要与其提供的相关营业执照等证明材料表述一致。另外，当事人的营业执照的名称与其经营的店铺招牌名称不一致时，应对其店铺招牌进行说明。当事人为自然人时，其姓名要与当事人提供的身份证、驾驶证等身份证明材料的姓名一致。例如，当事人虽然习惯称自己为刘丹，但当事人身份证上记载其姓名为刘丹丹，此时应以身份证上的姓名为准。

常见问题四：案情摘要对于当事人的行为先行定性为违法

案情摘要是办案人员对于立案调查阶段涉嫌违法行为的实施主体、时间、地点以及疑似违法的基本事实进行描述。在文书制作过程中，办案人员易出现对当事人的行为先行定性为违法，因而在案情摘要中将其描述为"经查明……"的情况。

《水行政处罚实施办法》第三条规定："水行政处罚遵循公正、公开的原则。实施水行政处罚必须以事实为依据，与违法行为的事实、性质、情节以及社会危害程度相当。对违法行为给予水行政处罚的规定必须公布；未经公布的，不得作为水行政处罚的依据。实施水行政处罚，纠正违法行为，应当坚持处罚与教育相结合，教育公民、法人或者其他组织自觉守法。"因此，在违法事实尚未查证属实前，不宜在立案呈批表中直接用确定性的语言认定当事人的违法行为。

《水行政处罚实施办法》第二十九条第二款规定："公民、法人或者其他组织有符合下列条件的违法行为的，水行政处罚机关应当予以立案：（一）有涉嫌违法的事实……"因此，办案人员在制作立案呈批表时，为了确保案情描述词语的准确性和客观性，建议在违法行为前用"疑似""涉嫌"等词语来表述，以提高案卷表述的严谨性，更体现办案人员对法律法规理解的准确性。

常见问题五：报告人信息不准确

此栏内容应按照实际情况填写，报告人的姓名、工作单位应与填写当事人信息的要求一致。案件来源主要包括以下几种方式：现场检查、投诉、举报、媒体曝光、上级机关交办、其他机关移送。对于案件来源是投诉、举报的，应做好有关人员的笔录，填写相关记录表并收好其所提交的有关材料；对于上级机关交办和其他机关移送的案件，应办理交接手续并收好转交的材料。

常见问题六：承办人意见处法律依据表述不符合要求，缺少承办人签名

在立案呈批表制作过程中，办案人员易出现引用法律条文时仅引用条文序号或部分法律规范，没有精准到条、款、项、目，也存在没有"建议立案，开展进一步调查"等明确意思表示的情形。另外，还存在执法人员在立案呈批表中采用打印的方式在承办意见处记录具体承办人的姓名，或者仅有一名承办人签名的情况。

承办人制作文书时，应对当事人涉嫌违法行为的法律依据准确表述，引用法律依据时应引用法律、法规、规章的全称并精确到条、款、项、目；要由两名以上办案人员在"承办人意见"处手写签名且书写规范；同时要有"建议立案，开展进一步调查"等明确表述。

《中华人民共和国行政处罚法》[①]第四十二条规定："行政处罚应当由具有行政执法资格的执法人员实施。执法人员不得少于两人，法律另有规定的除外。执法人员应当文明执法，尊重和保护当事人合法权益。"《水

---

① 2021年1月22日第十三届全国人民代表大会常务委员会第二十五次会议修订，自2021年7月15日起施行。

行政处罚实施办法》第十九条规定:"水行政处罚应当由两名以上具有行政执法资格的执法人员实施。水行政执法人员与案件有直接利害关系或者有其他关系可能影响公正执法的,应当回避,当事人也有权申请其回避。当事人提出回避申请的,水行政处罚机关应当依法审查,由水行政处罚机关负责人决定。决定作出之前,不停止调查。"因此,办案人员均应在承办人处手写签名、填写日期。同时,要将与案件调查有关的相关材料、事项等其他需备注情况描述清楚、准确,将材料完整附卷报水行政处罚机关负责人批准立案。

三、对执法办案中制作立案呈批表的建议

(一)时效性很重要

办案人员发现线索后需及时登记,并搜集、整理有关材料,核查后应在最短的时间内上报审批。《中华人民共和国行政处罚法》第二十五条规定:"两个以上行政机关都有管辖权的,由最先立案的行政机关管辖。对管辖发生争议的,应当协商解决,协商不成的,报请共同的上一级行政机关指定管辖;也可以直接由共同的上一级行政机关指定管辖。"针对违法行为两个以上行政机关都有管辖权时谁先立案谁查处的原则,加上有些违法行为存在时间很短等种种原因,如果不及时立案将不利于开展进一步的调查取证,甚至可能会造成最后劳而无功的结果。因此,此过程中的时效性很重要。立案呈批表要写明涉嫌违法行为、涉嫌违反的法律规定,以及立案或者不予立案的建议并说明理由。

（二）管辖权决定了能否立案

没有管辖权就不能立案这是基本原则。首先要结合案件线索、基本的违法事实，根据有关法律法规的规定以及职责分工，分析市级水行政主管部门是否有管辖权。其次要分析该行为发生的大致时间或者该行为有无继续连续状态、是否已经超过《中华人民共和国行政处罚法》规定的追责期限，从时间上判断若违法行为属实能否进行行政处罚。最后要分析该行为是不是情节显著轻微或者没有社会危害后果，不需要进行行政处罚，采取其他方式也可达到纠正违法的目的，即分析有没有立案调查的必要性。《中华人民共和国行政处罚法》第三十三条规定："违法行为轻微并及时改正，没有造成危害后果的，不予行政处罚。初次违法且危害后果轻微并及时改正的，可以不予行政处罚。当事人有证据足以证明没有主观过错的，不予行政处罚。法律、行政法规另有规定的，从其规定。对当事人的违法行为依法不予行政处罚的，行政机关应当对当事人进行教育。"《中华人民共和国行政处罚法》第六条规定："实施行政处罚，纠正违法行为，应当坚持处罚与教育相结合，教育公民、法人或者其他组织自觉守法。"对于不构成行政处罚立案条件的行为，应加强普法宣传教育；对于应进行行政处罚的行为，处罚与教育两者不可偏废，既不能以罚代教，也不能以教代罚。还有一点需要注意，对多个行政机关均有管辖权的同一案件，立案时遇到其他行政机关已经在水行政机关先进行立案调查时，应当核查清楚具体情况再做处理。根据《中华人民共和国行政处罚法》第二十五条规定，两个以上行政机关都有管辖权的，由最先立案的行政机关管辖。

（三）发案时间应按照实际情况在立案呈批表中填写

不同类型案件的发案日期填写要求不同。例如，对于超标排放污水类案件，一般以提取水样日期作为案发时间。在文书制作过程中，案发时间容易与立案时间弄混淆，也偶有存在逻辑错误的情况出现，案发时间不能晚于立案时间或现场检查时间。

第二章

调查取证阶段案卷评查常见问题及分析

一、检查单常见问题及分析

（一）检查单在行政处罚程序中的意义

检查单是指水行政执法主体依照法定职权，在对公民、法人和其他组织遵守法律、法规、规章的情况进行了解、调查和监督的行为时的记录单。为便于执法人员开展执法活动，检查单依据职责、权限等设置不同的检查内容。

检查单是办案人员依法履行职责、发现违法行为的客观记录，有利于当事人了解可能涉水违法行为的情况、保护当事人的合法权益，也为后续的调查提供基本依据。

（二）实践中检查单常见问题及原因

针对检查单近几年使用情况的总结，实践中检查单常见的问题主要有三种情况：第一，执法人员对检查对象分类填写错误；第二，检查人即执法人员姓名签名处使用电脑打印而非执法人员手签，或者只有一名执法人员在检查人处签字，或由一名执法人员代签；第三，检查单涂改处未做技术处理或技术处理不符合要求。

常见问题一：检查对象分类填写错误

检查单中的检查对象分类分为个人、个体工商户、法人、非法人组织。执法人员对水行政执法检查单检查对象分类填写错误，主要原因是检查对象中法人和非法人组织类型多、分类的法律依据不同，特别容易产生混淆。

下面根据《中华人民共和国民法典》[①]《中华人民共和国合伙企业法》[②]等法律规定，对水行政执法检查单中涉及的法人和非法人组织进行介绍。

1. 法人

法人是具有民事权利能力和民事行为能力，依法独立享有民事权利和承担民事义务的组织。

（1）营利法人。《中华人民共和国民法典》第七十六条规定："以取得利润并分配给股东等出资人为目的成立的法人，为营利法人。营利法人包括有限责任公司、股份有限公司和其他企业法人等。"

（2）非营利法人。《中华人民共和国民法典》第八十七条规定："为公益目的或者其他非营利目的成立，不向出资人、设立人或者会员分配所取得利润的法人，为非营利法人。非营利法人包括事业单位、社会团体、基金会、社会服务机构等。"

事业单位是指由政府利用国有资产设立的，从事教育、科技、文化、卫生等活动的社会服务组织，如政府举办的学校、医院、科研机构等。

社会团体是指基于会员共同意愿，为公益目的或者会员共同利益等非营利目的设立的社会组织。根据这一规定，社会团体包括两种：一是为公益目的而设立的，如中国红十字会、中华慈善总会等；二是为会员共同利益设立的，如行业协会、商会等。

[①] 2020年5月28日第十三届全国人民代表大会第三次会议通过，自2021年1月1日起施行。

[②] 2006年8月27日第十届全国人民代表大会常务委员会第二十三次会议修订，自2007年6月1日起施行。

基金会是指利用自然人、法人或者其他组织捐赠的财产，以从事公益事业为目的，依法成立的非营利性法人。基金会分为面向公众募捐的基金会和不得面向公众募捐的基金会。面向公众募捐的基金会，即公募基金会按照募捐的地域范围，分为全国性公募基金会和地方性公募基金会。根据《基金会管理条例》的规定，基金会应当在民政部门登记，就其性质而言是一种民间非营利组织。

社会服务机构，也称为民办非企业单位，是指自然人、法人或者其他组织为了提供社会服务，利用非国有资产设立的非营利性法人，如民办非营利学校、民办非营利医院等。民办教育促进法规定，民办学校的举办者可以自主选择设立非营利性或者营利性民办学校，非营利性民办学校的举办者不得取得办学收益，学校的办学结余全部用于办学。非营利性民办学校即为非营利法人。成立社会服务机构，应当经其业务主管单位审查同意，并依法进行登记。社会服务机构不得从事营利性经营活动。社会服务机构进行法人登记，目前适用《民办非企业单位登记管理暂行条例》[①]的规定。

《中华人民共和国民法典》第九十二条规定："具备法人条件，为公益目的以捐助财产设立的基金会、社会服务机构等，经依法登记成立，取得捐助法人资格。依法设立的宗教活动场所，具备法人条件的，可以申请法人登记，取得捐助法人资格。法律、行政法规对宗教活动场所有规定的，依照其规定。"

宗教活动场是指开展宗教活动的寺院、宫观、清真寺、教堂及其他固定处所。民法典规定，依法设立的宗教活动场所，具备法人条件的，可以

---

① 1998年9月25日国务院第8次常务会议通过，自1998年10月25日起施行。

申请法人登记，取得捐助法人资格。目前，关于宗教场所的规定，主要是国务院的行政法规《宗教事务条例》和国家宗教事务局制定的《宗教活动场所管理办法》。

（3）特别法人。《中华人民共和国民法典》第九十六条规定："本节规定的机关法人、农村集体经济组织法人、城镇农村的合作经济组织法人、基层群众性自治组织法人，为特别法人。"

《中华人民共和国民法典》第九十七条规定："有独立经费的机关和承担行政职能的法定机构从成立之日起，具有机关法人资格，可以从事为履行职能所需要的民事活动。"法人机关包括有独立经费的机关和承担行政职能的法定机构。

①有独立经费的机关。机关法人是指国家机关。根据2001年8月国家统计局发布的《第二次全国基本单位普查法人单位及产业活动单位划分规定》第五条："机关法人是指各级党政机关和国家机关。机关法人包括：（一）县级以上各级中国共产党委员会及其所属各工作部门；（二）县级以上各级人民代表大会机关；（三）县级以上各级人民政府及其所属各工作部门；（四）县级以上各级政治协商会议机关；（五）县级以上各级人民法院、检察院机关；（六）县级以上各民主党派机关；（七）乡、镇中国共产党委员会和人民政府以及街道办事处。"

机关法人的设立依据是《中华人民共和国宪法》《中华人民共和国国务院组织法》《中华人民共和国地方各级人民代表大会和地方各级人民政府组织法》《中华人民共和国监察法》《中华人民共和国人民法院组织法》《中华人民共和国人民检察院组织法》等法律，其设立的目的是代表国家行使公权力，履行法定的职责。机关法人尽管没有独立经营的财产，但应有独立的经费，这些经费是根据其工作需要，由国家和地方财政拨款形成的[1]。因此，必须有独立的经费作为机关法人履行职责和对外承担民事责任的基础。

②承担行政职能的法定机构。与原《中华人民共和国民法通则》第50条第1款的规定相比，《中华人民共和国民法总则》第97条对机关法人的内涵赋予了新的内容，将"承担行政职能的法定机构"也纳入了机关法人的范围。此次《中华人民共和国民法典》编纂时，沿用了这一规定。

行政职能也叫政府职能，是指行政主体作为从事国家管理的执法机关，在依法对国家政治、经济和社会公共事务进行管理时应承担的职责和所具有的功能。承担行政职能的法定机构是指不属于行政机关序列，但又行使行政机关职能的社会组织，包括国家金融监督管理总局、中国证券监督管理委员会、社保机构等组织，它们与其他政府组织没有隶属关系，具有较强的独立性。其本身不是行政机构，但其业务性质又属于行政管理职能，具有法律法规赋予的行政职能或公共管理职能。例如，《中华人民共和国中国人民银行法》规定，中国人民银行具有相对独立的地位和职能；《中华人民共和国保险法》规定，国务院保险监督管理机构依法对保险业实施监督管理职能；《中华人民共和国证券法》规定，国务院证券监督管理机构依法对全国证券市场实行集中统一监督管理；《中华人民共和国银行业监督管理法》规定，国务院银行业监督管理机构负责对全国银行业金融机构及其业务活动监督管理的工作。

---

[1] 王立明. 中国民法典学者建议稿及立法理由·总则编[M]. 北京：法律出版社，2005：183.

将承担行政职能的法定机构纳入机关法人，意味着承担行政职能的法定机构能够从事民事活动，成为民事活动中的平等民事主体，接受民事法律关系的调整[①]。

《中华人民共和国民法典》第九十九条规定："农村集体经济组织依法取得法人资格。法律、行政法规对农村集体经济组织有规定的，依照其规定。"

我国的农村集体经济组织是以土地的集体所有制为基础，以乡村区域为范围，以管理土地和集体财产、组织本集体成员共同开展大规模的生产经营活动和提供其他社会经济服务为目的的集体性经济组织。它是集体生产资料所有权的代表者，是我国在农村实行社会主义公有制的基本组织形式，是劳动群众集体所有制的典型组织形式，是一个与传统户籍管理、行政区划、社会保障等密切联系的有中国特色的合作经济组织。农村集体经济组织具有三个特点：一是集体所有的经济组织，即其是建立在家庭承包经营基础上的集体经济，具有营利性；二是保障成员集体利益，农村集体经济组织是建立在一定范围内的土地公有基础上的经济组织，是农村集体土地的经营者和管理者，承担着保障农村集体组织成员利益的功能和责任；三是成员资格对内开放性及对外的封闭性，集体经济组织成员的权利来源于成员资格，有资格才有权利，无资格即丧失权利。集体经济组织对组织内的新出生人口具有开放性，出生便是天然成员。

农村集体经济组织的特殊性在于其既有经济主体的属性，也承担着一定的政治属性，与我国社会主义制度紧密相连。在《中华人民共和国民法

[①] 最高人民法院民法典贯彻实施工作领导小组. 中国民法典适用大全·总则卷（二）[EB/OL]. [2024-06-10]. https://www.faxin.cn/v2/ftsy/detail.html?gid=A290592&tiao=99.

通则》中，集体经济组织被定位为"其他组织"。因其不具有法人地位，无法独立承担民事责任，当其他组织在民事活动中需要承担民事责任时，一般应由其开办人或其上级单位承担连带责任，限制了其发挥参与市场经济活动的活力。在现实生活中，大部分农村没有设置独立于村民委员会的集体经济组织，由村民委员会代行集体所有权和经营权。

《中华人民共和国民法典》第九十九条第一款规定原则性地确认了农村集体经济组织特别法人主体地位，为未来农村集体经济组织的专项立法提供了基本法依据。该条款含义有三方面内容：一是确立了农村集体经济组织依法取得法人资格，明确了其在民事关系中的法律定位，赋予了其享有土地所有权、发包权和相关农村集体财产的经营权的法人地位，激发了农村集体经济组织参与市场经济发展的活力；二是农村集体经济组织"依法"成立应该符合法人成立的原则性条件，即有自己的名称、组织机构和住所，有独立的财产和经费，能够独立承担民事责任；三是农村集体经济组织"依法"成立应该符合其成立的程序要件，如是否需要经过有关机关批准，是否需要向有关机关进行登记等。农村集体经济组织取得法人资格的具体条件和程序，需要未来的农村集体经济组织的专项立法作出更为详细的规定[1]。

城镇农村的合作经济组织是按照自愿互利、民主管理、协作服务原则组建的农村经济组织，主要是指供销合作社等。供销合作社地位性质特殊，既体现党和政府的政策导向，又承担政府委托的公益性服务；既有事业单位和社团组织的特点，又履行管理社有企业的职责；既要办成以农民为基

---

[1] 最高人民法院民法典贯彻实施工作领导小组. 中国民法典适用大全·总则卷（二）[EB/OL]. [2024-06-10]. https://www.faxin.cn/v2/ftsy/detail.html?gid=A290592&tiao=99.

础的合作经济组织，又要开展市场化经营和农业社会化服务，具有不同于营利法人、非营利法人的特殊性，属于特别法人。

基层群众性自治组织是指在城市和农村按居民、村民的居住地区建立起来的居民委员会与村民委员会。居民委员会、村民委员会是建立在我国社会的最基层，与群众直接联系的组织，是在自愿的基础上由群众按照居住地区，自己组织起来管理自己事务的组织。基层群众性自治组织这一概念首次见于《中华人民共和国宪法》[1]。《中华人民共和国宪法》第一百一十一条规定："城市和农村按居民居住地区设立的居民委员会或者村民委员会是基层群众性自治组织。居民委员会、村民委员会的主任、副主任和委员由居民选举。居民委员会、村民委员会同基层政权的相互关系由法律规定。"根据宪法的规定，我国分别制定了《中华人民共和国城市居民委员会组织法》《中华人民共和国村民委员会组织法》。

居民委员会和村民委员会均属群众性自治组织，其特点有以下三点。一是群众性。基层群众性自治组织不同于国家政权组织和其他政治、经济等社会组织，是居住于一定范围内的居民、村民基于社会生活的共同需要而建立，目的是处理居住地范围内的公共事务、公益事业等事务，如社会治安、公共

---

[1] 1982年12月4日第五届全国人民代表大会第五次会议通过，1982年12月4日全国人民代表大会公告公布施行，根据1988年4月12日第七届全国人民代表大会第一次会议通过的《中华人民共和国宪法修正案》、1993年3月29日第八届全国人民代表大会第一次会议通过的《中华人民共和国宪法修正案》、1999年3月15日第九届全国人民代表大会第二次会议通过的《中华人民共和国宪法修正案》、2004年3月14日第十届全国人民代表大会第二次会议通过的《中华人民共和国宪法修正案》和2018年3月11日第十三届全国人民代表大会第一次会议通过的《中华人民共和国宪法修正案》修正。

卫生等。二是自治性。基层群众性自治组织既不是国家机关，也不是国家机关的下属或者下级组织，具有自身组织上的独立性。三是基层性。基层群众性自治组织只存在于居住地范围内的基层社区，所从事的工作都是居民、村民居住范围内的公共事务和公益事业。正是因为居民委员会和村民委员会具有上述不同于其他法人的特点，因此赋予其单独的一类法人资格。

2.非法人组织

《中华人民共和国民法典》第一百零二条规定："非法人组织是不具有法人资格，但是能够依法以自己的名义从事民事活动的组织。非法人组织包括个人独资企业、合伙企业、不具有法人资格的专业服务机构等。"

（1）个人独资企业。个人独资企业是指依法在中国境内设立，由一个自然人投资，财产为投资人个人所有，投资人以其个人财产对企业债务承担无限责任的经营实体。根据个人独资企业法的规定，设立个人独资企业，应当向负责企业登记的市场监督管理部门进行登记。

（2）合伙企业。合伙企业是指自然人、法人和其他组织依照《中华人民共和国合伙企业法》在中国境内设立的普通合伙企业和有限合伙企业。

《中华人民共和国合伙企业法》第二条规定："本法所称合伙企业，是指自然人、法人和其他组织依照本法在中国境内设立的普通合伙企业和有限合伙企业。普通合伙企业由普通合伙人组成，合伙人对合伙企业债务承担无限连带责任。本法对普通合伙人承担责任的形式有特别规定的，从其规定。有限合伙企业由普通合伙人和有限合伙人组成，普通合伙人对合伙企业债务承担无限连带责任，有限合伙人以其认缴的出资额为限对合伙企业债务承担责任。"

（3）不具有法人资格的专业服务机构。专业服务机构是指以专业知识和专门技能为客户提供有偿服务的非法人组织。不具有法人资格的专业服务机构，主要是指律师事务所、会计师事务所和资产评估机构等，可以设立为特殊的普通合伙企业。

常见问题二：执法人员在检查单上签字不符合规定

检查单另一常见问题是执法人员采用电脑打印的方式打印执法人员姓名，或仅有一名执法人员在检查人处签名。

根据《中华人民共和国行政处罚法》第四十二条规定："行政处罚应当由具有行政执法资格的执法人员实施。执法人员不得少于两人，法律另有规定的除外。"《水行政处罚实施办法》第十九条规定："水行政处罚应当由两名以上具有行政执法资格的执法人员实施。"如检查单中仅有一名执法人员签字或采用电脑打印的方式均不符合法律规定，程序违法。根据《北京市行政处罚案卷标准》规定，签名有三种方式，包括个人手写签名、个人名章或者经认证的电子签名。仅以上三种方式是符合法定条件的签名方式，除此之外的签名方式都不符合规定。如果签名方式不符合规定，会因程序不符合法律规定，存在案件违反法定程序而被撤销的法律风险。因此，执法人员应在填写检查单时严格按照法律规定，由两名以上执法人员在检查单上签名，不得电脑打印、不得代签。

常见问题三：检查单涂改处未做技术处理或技术处理不符合要求

文书涂改处的技术处理不符合要求是执法人员办案过程中的共性问题。根据规定，行政机关内部的审批文书由承办案件的执法人员对文书涂改处做技术处理；需要当事人签字确认的涂改过的执法文书由当事人做技术处理。文书涂改的技术处理标准是涂改人在文书涂改处捺压指印并签名，即捺指印、签名缺一不可。实践中经常出现的问题是文书涂改处仅有当事人或执法人员的签名、无捺指印或仅有捺指印、无签名。

并不是所有执法文书都可以涂改并对涂改处做技术处理。以下文书禁止涂改：行政处罚事先告知书、听证通知书、听证公告、听证报告、法制审核文书、行政处罚决定文书、不予行政处罚决定文书、案件处理结果告知文书、缴款书、分期（延期）缴纳罚款执行文书、责令改正通知文书、案件移送书、移送材料（物品）清单、请求协助文书。

另外，对于文书空格处，执法人员在制作文书时应在空白处统一采取画反斜杠"\"的技术处理；文书结尾空白处填写"以下空白"或者另起一行定格画反斜杠"\"。

二、现场勘验笔录常见问题及分析

（一）现场勘验笔录在行政处罚程序中的意义

现场勘验笔录是水行政执法机关根据办案需要，依据规范性程序、运用科学技术手段对检查现场或有关物品进行勘查检验、分析等办案活动的客观记录。实践中，勘验现场是调查、核实案件的重要手段，现场勘验笔录是认定案件事实客观性极强的证据，对认定当事人的行为是否违法发挥着重要作用。

（二）实践中现场勘验笔录常见问题及原因

常见问题一：现场勘验笔录没有附现场勘测图、现场位置示意图

产生现场勘验笔录没有附现场勘测图、现场位置示意图错误的主要原因是执法人员认为现场勘验笔录中附有现场照片即可，不需要再附现场勘测图、现场位置示意图，缺少对标识、方位等关键信息的敏锐度。

常见问题二：现场勘验方式的记录存在漏项

执法人员通常在现场勘验过程中会采用多种现场勘验的方式，但是在现场勘验笔录中未逐项进行记录。例如，执法人员在具体案件中进行现场勘验时使用了皮卷尺测量、GPS定位和拍照三种方式，但现场勘验笔录仅记录现场拍照一种方式，而未对另外两种勘验方式进行客观记录。

常见问题三：现场勘验笔录对勘验现场人员身份记录错误

执法人员在进行现场勘验时，行政相对人即当事人的工作人员在参与现场勘验时存在尚未取得该单位的书面授权委托的情况。此时执法人员不应将现场勘验的参加人表述为受委托人，表述为现场勘验的参加人更为准确；对涉嫌违法单位的现场参加人员身份的认定应根据授权委托书确定是否为受托人。现场勘验后，行政相对人可能由法定代表人参与调查或者委托其他工作人员代表单位参与案件调查、提供材料等活动。

常见问题四：仅有一名执法人员签名或执法人员签名为电脑打印

此问题在检查单常见问题中已经阐述，仅有一名执法人员在勘验笔录上签名或执法人员采用电脑打印的方式代替手写签名的行为不符合法律规定，程序违法。因此，执法人员在现场勘验笔录签名时应严格按照《中华人民共和国行政处罚法》的要求，参与案件办理的全部执法人员在现场勘验笔录中手写签名，办案人员不得少于两人。

（三）对执法办案中制作现场勘验笔录的建议

一是制作现场勘验笔录应当准确记载当事人、案由、勘验内容、勘验时间、勘验地点、勘验人、勘验情况等内容，并附勘测图、现场位置示意图。如前文所述，执法人员办案时不得少于两人，因此，执法过程文书一定由两名以上执法人员在笔录上手写签名并签署日期。签名一定要符合法律规定的标准，因电脑打印或仅有一人签名不符合行政执法办案程序和案卷制作标准的，将导致现场勘验笔录不能作为证据使用。如特殊案件需要委托有关机构进行鉴定的，被委托的鉴定机构应与案件承办人员、当事人一同进行现场勘验。

二是现场勘验笔录应交由行政相对人、行政相对人的受托人、工作人员或者现场人员核对。行政相对人、行政相对人的受托人、工作人员或者现场人员核对后，应逐页签署姓名和日期，并在最后一页签署"经核对，以上内容属实"的意思表示。办案过程中如遇行政相对人、行政相对人的受托人、工作人员或者现场人员拒绝签字的，执法人员应在笔录中注明情况。

三、询问笔录常见问题及分析

（一）询问笔录在行政处罚程序中的意义

询问笔录是指两名以上执法人员在调查案件时，依照法定程序询问当事人或其他相关人员时所做的记录。询问当事人是行政处罚案件调查的应当遵守的程序，询问当事人形成的询问笔录是认定案件事实的重要证据。

询问笔录是水行政处罚中认定行政相对人违法事实的常见证据之一。作为定案证据必须取得证据资格，因此，询问笔录作为证据使用首先要保证其合法性，而后才能保证其作为证据的证明力。证据的合法性主要体现在执法主体的合法性、证据形式的合法性。询问笔录的询问内容则是对执法人员业务能力的体现和考验。

首先，询问笔录体现了执法人员在调查过程中的程序合法性。根据《中华人民共和国行政处罚法》和《水行政处罚实施办法》的要求，水行政执法人员依法调查案件，应当遵守下列程序：向当事人出示行政执法证件，告知当事人要调查的范围或者事项以及其享有陈述权、申辩权以及申请回避的权利，询问当事人、证人、与案件有利害关系的第三人，进行现场勘验、检查，制作调查询问、勘验检查笔录。如果询问笔录中未记录出示行政执法证件、权利告知事项等内容，则会因程序不合法，而对执法结果产生负面影响。

其次，询问笔录采用一问一答的方式，围绕询问重点内容展开。询问笔录中询问的重点内容应围绕调查范围和法律规定的行政违法行为构成要件及处罚规定进行。然后才能根据当事人的陈述及其他证据认定当事人是否存在违法事实。

《最高人民法院关于行政诉讼证据若干问题的规定》[①]第五十五条规定

---

① 2002年6月4日由最高人民法院审判委员会第1224次会议通过，自2002年10月1日起施行。

"法庭应当根据案件的具体情况，从以下方面审查证据的合法性：（一）证据是否符合法定形式；（二）证据的取得是否符合法律、法规、司法解释和规章的要求；（三）是否有影响证据效力的其他违法情形。"法庭应当根据案件的具体情况，从证据是否符合法定形式，证据的取得是否符合法律、法规、司法解释和规章的要求，是否有影响证据效力的其他违法情形审查证据的合法性。《最高人民法院关于行政诉讼证据若干问题的规定》第五十七条规定："下列证据材料不能作为定案依据：（一）严重违反法定程序收集的证据材料……"因此，执法人员在制作询问笔录时应高度重视，保证其合法性和证明效力。

（二）实践中询问笔录常见问题及原因

水行政处罚案件在办案过程中，因执法人员对证据规则的理解和运用存在不同程度的偏差，使得询问笔录形式不符合法律、法规要求而导致其作为证据使用的合法性存在问题，最终可能在行政复议、行政诉讼过程中面临撤销行政行为的风险。产生上述问题主要有两个方面的原因：一方面，是执法人员对于行政执法证据法律制度缺乏深入的学习与深刻的理解；另一方面，是部分执法人员缺乏系统运用证据规则的经验。

常见问题一：缺少对被询问人的权利义务告知

此问题主要是指执法人员在制作询问笔录时，缺少告知被询问人申请执法人员回避、陈述、申辩等权利和如实回答询问、配合调查等义务的情况中的一项或者数项。此类问题的发生主要是对当事人的程序性权利保障理解不足。有时执法人员认为，向被询问人告知权利义务仅是笔录形式上的要求，没能充分认识到严格依法保障当事人合法权利在调查取证开始阶段的重要性。《中华人民共和国行政处罚法》第三十八条第二款规定："违反法定程序构成重大且明显违法的，行政处罚无效。"执法人员如未告知被询问人有申请执法人员回避、陈述、申辩等权利的，属于违反法定程序。申请执法人员回避的权利是当事人享有的重要权利，如未告知当事人而执法人员符合应当回避的情形时，就可能导致行政处罚无效。

常见问题二：询问笔录中先行定性为违法行为

执法人员在对行政相对人进行询问并制作询问笔录时，处于案件的调查取证阶段，在案件调查终结前尚不能认定行政相对人的违法事实，因此，在询问笔录中不能先行将其定性为违法行为。例如，"我们对你单位不按照排水许可证要求排放污水进行调查……"的表述应记录为"我们对你单位涉嫌不按照排水许可证要求排放污水进行调查……"

常见问题三：与案件事实和处罚裁量有关的问题没有进一步询问，调查取证不充分

对于常见的水行政处罚案件，执法人员应对行政相对人进行询问，并在制作询问笔录时对当事人的认定和当事人违法行为的起始时间、地点、数量等认定违法事实的调查事项能够准确、客观、全面地记录。但是，对于执法中不常见的水行政处罚类型，存在与案件事实和行政处罚裁量有关的问题没有进一步询问，调查取证不充分的情况。例如，执法人员对行政相对人涉嫌在水利工程转包案件中是否取得相应资质、是否存在违法所得未进行询问。产生此类问题的主要原因是不同类型的案件的处罚认定违法事实的标准不同、调查范围不同，而办案过程中已形成相对固定的模式，从而没有进一步深挖和询问与个案相关的事实。

常见问题四：仅有一名执法人员签名或者代签名、使用电脑打印签名

办案实践中，通常由两名执法人员对行政相对人进行询问，一名执法人员负责询问、一名执法人员负责记录。执法人员在询问当事人或其他人员结束后，所有执法人员应分别在询问笔录上手写签名。在执法案卷检查中发现，执法人员在制作询问笔录时存在仅有一名执法人员签名，或者一人直接签署两名办案人员的姓名，或者在打印询问笔录时直接将执法人员的姓名输入在电脑上，而后打印出来代替手写签名的情形。前文已经提到过此类问题，对于执法人员签名的要求必须是符合规定的签名方式，既不能由他人代替也不能使用电脑打印签名。

（三）对执法办案中制作询问笔录的建议

不同的违法行为的事实认定和处罚标准不同，询问笔录作为证据应当查证属实，具备合法性和有效性。从形式上查证属实的标准，表现为能够准确记载询问时间、告知被询问对象的权利义务、双方签名等。行政执法人员应当高度重视行政处罚程序的法律价值，这既是实体公正的基本保障和前提，也是维护当事人合法权益和减少执法人员职业风险的有效手段。

为了准确地查明案件事实，执法人员在开展询问调查前可制作询问提纲，特别是对于执法工作中不常遇到的案由，通过制作询问提纲是对法律法规再次学习和理解的过程。对于认定行政相对人是否存在违法行为及违法行为事实认定重要的事实应准确记录，如违法行为的时间、地点、情节和危害后果。此外，执法人员要熟悉法律规定、行政处罚裁量基准。

在询问并制作询问笔录时，首先要核实被询问人身份，确认系行政相对人或行政相对人授权的委托人。在核实身份时要注意授权的委托人必须符合条件，并充分告知被询问人的权利义务。

询问结束，应当将询问笔录交被询问人核对。被询问人阅读有困难的，应当向其宣读。笔录如有差错、遗漏，应当允许被询问人更正或者补充，涂改部分应当由被询问人签名并捺压指印。经核对无误后，由被询问人在询问笔录上逐页签名、捺压指印，在尾页空白处写明"以上笔录经本人核对无异议"等被询问人认可性语言，签署姓名和时间，并捺压指印。询问笔录应当注明总页数和每页的页码。

询问笔录要围绕调查范围和行政违法行为构成要件及处罚的内容制作。询问笔录所记载的内容是对客观事实的反映，因此，执法人员应根据前期立案时掌握的线索和资料针对当事人涉嫌违法事实进行调查，且调查过程不能流于形式。如果办案人员在开展询问前针对不同的案由分类制作了询问提纲，则制作询问提纲的依据是同一案由项下的法律法规，这是提升执法能力的重要方法。执法人员在对以往执法工作的经验进行总结的基础上，将在个案的办案过程中就违法行为构成要件、情节等关键问题进行询问，针对性越强，越能还原客观事实，越能体现行政处罚法的公平、公正原则。同时，可以通过现代化手段对询问过程同步进行录音、录像，音像资料应当注明记录的时间、地点，记录人员的姓名和身份，证明的内容等情况。

四、陈述、申辩笔录文书常见问题及分析

（一）陈述、申辩笔录在行政处罚程序中的意义

陈述、申辩笔录是指行政执法人员在对当事人及陈述、申辩人陈述事实、理由和申辩内容的记录时形成的文书。陈述、申辩权利是法律规定的当事人享有的重要权利，也是行政机关必须履行的法定义务。

保障当事人的陈述、申辩权，有利于行政机关及其执法人员在听取当事人陈述和申辩后全面了解情况、对立案调查案件的事实认定、证据采纳作出更加全面、准确的判定，以保障当事人有效维护自身合法权益，实现程序正当；同时，为行政机关作出处罚时的裁量基准的适用提供依据。

听取陈述、申辩是作出行政处罚的法定程序之一，该程序的缺失属于程序违法。如果在行政程序中非法剥夺公民、法人或者其他组织依法享有的陈述、申辩权利，则所采用的证据不能作为认定被诉具体行政行为合法的依据。当行政程序轻微违法，对当事人的实体权利不产生实质影响时，确认行政行为违法；当程序严重违法，对当事人的实体权利产生实质影响时，撤销行政行为。

《中华人民共和国行政处罚法》第四十四条规定："行政机关在作出行政处罚决定之前，应当告知当事人拟作出的行政处罚内容及事实、理由、依据，并告知当事人依法享有的陈述、申辩、要求听证等权利。"第四十五条规定："当事人有权进行陈述和申辩。行政机关必须充分听取当事人的意见，对当事人提出的事实、理由和证据，应当进行复核；当事人提出的事实、理由或者证据成立的，行政机关应当采纳。行政机关不得因

当事人陈述、申辩而给予更重的处罚。"

《水行政处罚实施办法》第二十条规定："水行政处罚机关在作出水行政处罚决定之前，应当书面告知当事人拟作出的水行政处罚内容及事实、理由、依据，并告知当事人依法享有陈述、申辩、要求听证等权利。不得限制或者变相限制当事人享有的陈述权、申辩权。"

《最高人民法院关于行政诉讼证据若干问题的规定》第六十条规定："下列证据不能作为认定被诉具体行政行为合法的依据：（一）被告及其诉讼代理人在作出具体行政行为后或者在诉讼程序中自行收集的证据；（二）被告在行政程序中非法剥夺公民、法人或者其他组织依法享有的陈述、申辩或者听证权利所采用的证据；（三）原告或者第三人在诉讼程序中提供的、被告在行政程序中未作为具体行政行为依据的证据。"

（二）实践中陈述、申辩笔录常见问题及原因

常见问题一：缺少陈述、申辩的复核程序

陈述、申辩笔录除了会出现前文提到的仅有一名执法人员在陈述、申辩笔录上签名的常见问题外，另一常见问题是执法人员对于当事人的陈述、申辩没有进行认真复核，缺少复核程序。执法人员应对行政相对人的陈述、申辩认真复核，复核内容包括事实、理由和证据，既充分保证当事人的陈述、申辩权利，同时确保行政机关作出处罚时事实清楚、证据充分，进而保障行政处罚的合法性。

常见问题二：缺少对陈述、申辩复核程序的记录

根据法律规定，拒绝听取当事人的陈述、申辩，不得作出水行政处罚

决定。执法人员对当事人的陈述、申辩虽然进行了复核,但因复核后认为当事人的陈述、申辩理由不成立而未采纳时对复核过程没有进行记录、未记录复核意见,从程序上存在被认定未对当事人提出的事实、理由、证据进行复核或拒绝听取当事人的陈述、申辩的法律风险。

《中华人民共和国行政处罚法》第四十五条规定:"当事人有权进行陈述和申辩。行政机关必须充分听取当事人的意见,对当事人提出的事实、理由和证据,应当进行复核;当事人提出的事实、理由或者证据成立的,行政机关应当采纳。行政机关不得因当事人陈述、申辩而给予更重的处罚。"

《水行政处罚实施办法》第二十一条规定:"水行政处罚机关在告知当事人拟作出的水行政处罚决定后,当事人申请陈述、申辩的,应当充分听取当事人的陈述、申辩,对当事人提出的事实、理由和证据进行复核。当事人提出的事实、理由或者证据成立的,水行政处罚机关应当采纳。水行政处罚机关未向当事人告知拟作出的水行政处罚内容及事实、理由、依据,或者拒绝听取当事人的陈述、申辩,不得作出水行政处罚决定。当事人明确放弃或者未在规定期限内行使陈述权、申辩权的除外。水行政处罚机关不得因当事人陈述、申辩而给予更重的处罚。"

(三)对执法办案中制作陈述、申辩笔录的建议

执法人员告知当事人享有陈述、申辩权利时,应告知其享有权利的具体依据、行使期限和渠道,并将告知过程进行记录。告知当事人享有陈述、申辩权的,需载明"如有进一步陈述、申辩的意见请于××日内(应不少于五日)向本机关提出;如无进一步陈述、申辩的意见,本机关将调查终

结并依法作出行政处罚决定"的意思表示；符合听证条件的，还需同时载明"如要求举行听证，在送达回证中注明，或者在收到本告知书之日起五日内书面向行政机关提出"的意思表示。

执法人员在对当事人的陈述、申辩制作笔录的同时，应对陈述、申辩的过程进行记录，对陈述、申辩意见进行记录。行政处罚案卷中如果缺少上述材料，在行政诉讼时将面临不能证明对当事人履行了告知陈述、申辩法定义务的法律风险。从司法实践中看，法院针对此问题有两种判决：第一种是认定行政处罚程序违法，而撤销行政处罚决定；第二种是认定行政处罚程序瑕疵。因此，不能简单地认为把陈述、申辩材料归入案卷即为履行了复核程序。

五、证据先行登记保存文书常见问题及分析

（一）证据先行登记保存文书在行政处罚程序中的意义

证据先行登记保存是指行政机关在调查取证过程中为防止证据隐匿、转移、销毁或者事后难以取得，通过法定程序采取的收集证据的一种方式。它属于行政处罚中的过程性行为。

证据先行登记保存涉及公民、法人和其他组织的财产权，因此，采取证据先行登记保存必须符合法定条件和程序。根据《中华人民共和国行政处罚法》和《水行政处罚实施办法》的规定，只有在证据可能灭失或者以后难以取得的情况下才需要先行登记保存，因此应谨慎采取证据先行登记保存措施。实施先行登记保存措施的，必须经水行政处罚机关负责人批准。在紧急的情况下，水行政执法人员应当在二十四小时内向水行政处罚机关

负责人报告，并及时补办批准手续。

《中华人民共和国行政处罚法》第五十六条规定："行政机关在收集证据时，可以采取抽样取证的方法；在证据可能灭失或者以后难以取得的情况下，经行政机关负责人批准，可以先行登记保存，并应当在七日内及时作出处理决定，在此期间，当事人或者有关人员不得销毁或者转移证据。"

《水行政处罚实施办法》第三十二条规定："水行政执法人员收集证据时，可以采取抽样取证的方法。在证据可能灭失或者以后难以取得的情况下，经水行政处罚机关负责人批准，可以先行登记保存。情况紧急，需要当场采取先行登记保存措施的，水行政执法人员应当在二十四小时内向水行政处罚机关负责人报告，并及时补办批准手续。水行政处罚机关负责人认为不应当采取先行登记保存措施的，应当立即解除。"

证据先行登记保存使用的文书包括先行登记保存审批文书、证据先行登记保存通知书、先行登记保存物品清单、先行登记保存物品处理决定书。

（二）实践中证据先行登记保存文书常见问题及原因

常见问题一：先行登记保存物品清单记录不全

《水行政处罚实施办法》第三十三条规定："水行政执法人员先行登记保存有关证据，应当当场清点，开具清单，由当事人和水行政执法人员签名或者盖章，并当场交付先行登记保存证据通知书。当事人不在场或者拒绝到场、拒绝签收的，可以邀请有关人员作为见证人签名或者盖章，采用录音、录像等方式予以记录,并由两名以上水行政执法人员在清单上注明情况。登记保存物品时,在原地保存可能妨害公共秩序、公共安全或者对证据保存不利的,可以异地保存。先行登记保存期间,当事人或者有关人员不得销毁或者转移证据。"

《北京市水行政处罚程序若干规定》[①]第十二条规定:"水行政处罚机关对证据进行抽样取证或者登记保存,应当有当事人在场。当事人不在场或者拒绝到场的,水行政执法人员可以邀请有关人员参加。对抽样取证或者登记保存的物品应当开列清单,一式两份,写明物品名称、数量、规格等事项,由水行政执法人员、当事人签名或者盖章,一份清单交付当事人。当事人拒绝签名、盖章或者接收的,应当有两名以上水行政执法人员在清单上注明情况。"

目前,水行政执法人员出具的先行登记保存物品清单与证据先行登记保存通知书合并在一个文书中,实践中,执法人员能够对需要先行登记保存的证据进行当场清点并开具清单、当场交付先行登记保存证据通知书,但存在在开具清单时对保存物品的规格、材质等信息记录不够详细的情况。因记录不详容易导致在保存物品处存放多个相同、相似物品的情况下,在当事人领取保存物品时无法实现一一对应而错领的情形,以致不能完全、准确地反映登记保存的物品内容,容易与相对人在保存物品的名称、种类、数量、质量等方面产生分歧;也可能导致案件证据存在瑕疵,对认定案件事实产生影响,从而引发行政复议或行政诉讼。

---

① 2021 年 7 月 6 日北京市水务局第 5 次局长办公会审议通过,自 2021 年 7 月 15 日起施行。

常见问题二：先行登记保存物品决定书缺少当事人签名

先行登记保存物品决定书中包含"当事人意见"一项，按规定程序，当事人领回物品时应在意见处写明"××物品完好已领回"等内容，但是在实践中会出现物品已领回，而在"当事人意见"处无当事人签名的情况。

常见问题三：水行政机关未在法定期限内作出处理决定

《中华人民共和国行政处罚法》第五十六条、《水行政处罚实施办法》第三十四条、《北京市水行政处罚程序若干规定》第十一条规定，对于经水行政机关负责人批准先行登记保存的证据，应当在七日内作出处理决定。但在实践中存在存放超期的问题。由于行政机关先行登记保存的有效期只有七日，因此必须在法定期限内作出决定。

《水行政处罚实施办法》第三十四条规定："对于先行登记保存的证据，应当在七个工作日内分别作出以下处理决定：（一）需要采取记录、复制、拍照、录像等证据保全措施的，采取证据保全措施；（二）需要进行检测、检验、鉴定、评估、认定的，送交有关机构检测、检验、鉴定、评估、认定；（三）依法应当由有关部门处理的，移交有关部门；（四）不需要继续登记保存的，解除先行登记保存；（五）依法需要对船舶、车辆等物品采取查封、扣押的，依照法定程序查封、扣押；（六）法律、法规规定的其他处理方式。逾期未采取相关措施的，先行登记保存措施自动解除。"

（三）对执法办案中制作证据先行登记保存文书的建议

执法人员应严格按照法定程序履行相关手续，并在法定期限内制发有关执法文书。按照有关规定制发证据先行登记保存通知书和先行登记保存物品清单。制作证据先行登记保存通知书时，应严格按照水行政处罚相关规定的格式书写，并亲手交给行政相对人即当事人。制作先行登记保存物品清单时，必须有当事人在场，当事人不在场的可以邀请有关人员参加。执法人员对物品进行清点时，应使用明确、通用的计量单位登记造册，并使用先行登记保存物品清单详细记录物品的名称、规格、形状、包装、提取的位置等。在制作完毕后，当场交由当事人或其他人员核对，确定无误后签字、盖章。无论当事人是否在场，建议同时采用录音、录像等方式予以记录，避免日后当事人产生异议时缺乏依据。

六、授权委托书常见问题及分析

（一）授权委托书在行政处罚程序中的意义

授权委托书是指行政处罚案件的当事人委托他人代为行使自己的合法权利，受托人在行使权利时须出具的法律文书。受托人应在当事人具体的委托事项、委托权限和期限内行使权利。

通常情况下，法人组织或非法人组织的法定代表人、负责人应作为受托人参与行政处罚案件的调查过程。但是在实践中，法定代表人或负责人往往出于工作等原因无法随时参与、配合案件的调查过程，因此当事人通过出具授权委托书，明确受托人代为进行调查，代为行使陈述、申辩或者要求听证等权利，代为接收行政机关在办公过程中形成的各类文书。授权委托书的合法性和明确性是保证水行政处罚案件顺利完结的重要文书，是水行政处罚（不予处罚）案卷的重要组成部分。

（二）实践中授权委托书常见问题及原因

出于行政执法人员法律理论、办案经验不同和办案期限紧张、办案目标导向等原因，存在对行政处罚程序中授权委托行为及授权委托书的合法性、明确性理解混乱和当事人滥用授权委托，执法人员审查不清的情况。

常见问题一：授权委托书无法定代表人、负责人签名

根据《北京市行政处罚案卷标准》的规定，法人或其他组织委托的，应当由法定代表人或者其他组织负责人签名并加盖单位印章。部分执法人员对于该规定理解错误，认为应由法定代表人签名的授权委托书由其他负责人签名亦可，于是实践中经常发现由董事、股东在委托人处签名的行政处罚案卷。根据我国法律规定，单位负责人主要有两类：一类是单位的法定代表人；另一类是按照法律、行政法规的规定代表单位行使职权的负责人，如代表合伙企业执行合伙企业事务的合伙人、个人独资企业投资人。因此，在收到当事人的授权委托书时，一定要认真将授权委托书中委托人的签名与营业执照中的法定代表人进行核对，确保二者为同一人。

常见问题二：授权委托事项概括、不明确

有执法人员认为，只要行政相对人提供了授权委托书、受托人按照要求提供了身份证明材料就符合授权委托条件，因而仅依照其提供的授权委托手续便对行政相对人展开调查，而未对授权委托书中的受托人的身份、委托事项、权限进行核实，如授权委托书有"全权委托""全权代表""全权代理""代为接受处罚"等不同的字样。执法人员依据此授权委托书在案件立案调查过程中仅与受托人联系、向受托人送达。实践中，有些当事人为逃避承担法律责任，针对行政机关的调查和处罚，故意在提供授权委托材料时不按照执法人员要求的标准提供材料。例如，当事人的受托人称法定代表人不在国内，其向受托人出具全权委托代理处理公司事务的授权委托书。此时，如果执法人员根据其提供的授权委托书进行调查、进行定案处罚，有可能给行政处罚案件带来较大的外部法律风险，甚至会导致行政处罚因当事人申请行政复议被撤销、因当事人提起行政诉讼败诉的后果。

常见问题三：授权委托书的委托人签名潦草、无法辨认

实践中会出现当事人及受托人出于书写习惯等原因，在委托人处、受托人处签名时潦草书写，致使无法与营业执照上的负责人姓名完成核对的情况。甚至有时当事人为规避可能面临的行政处罚故意潦草书写，企图以授权手续不合法进行抗辩来逃避法律责任。另外还存在当事人混淆"委托人"和"受委托人/被委托人"的概念，在"委托人"和"受委托人/被委托人"签名处签反——本应由委托人签名处变成受托人签名，委托人则在受托人处签名。执法人员在核对信息时有时也未发现。

常见问题四：法定代表人为外国人的授权委托书签名不符合要求

在当事人为中国法人组织，但其法定代表人为外国人时，应注意其签署授权委托书的签名是否与护照上的签名一致。在案卷审查中发现，外国人签名时有机会使用中文姓名，与护照上的预留签名不一致。此种情况容易产生授权委托书不符合法律规定，而影响案件调查结果的法律风险。根据规定，外国公民应当提供护照或者外国人在华居留证复印件（影印件），且外国公民作为法定代表人签署授权委托书时的签名应与护照上的签名一致。

（三）对执法办案中制作授权委托书的建议

针对授权委托书，执法机关可以向当事人提供填写须知或填写说明，明确委托人、受托人签字位置，委托人加盖公章位置、书写要求，提供的身份证明材料应使用 A4 纸单面打印并保证背面无其他打印、书写内容。对于授权事项要明确，防止当事人日后否认调查认定的事实。

七、责令限期改正通知书常见问题及分析

（一）责令限期改正通知书在行政处罚程序中的意义

责令限期改正通知书是指水行政机关在实施行政处罚的过程中对违法行为人发出的一种作为或不作为的行政命令，要求违法行为人停止违法行为、消除不良后果、恢复原状等履行法定义务的行政处罚过程性文书。

《中华人民共和国行政处罚法》第二十八条第一款规定："行政机关实施行政处罚时，应当责令当事人改正或者限期改正违法行为。"因此，责令限期改正通知书作为责令改正命令的载体在责令改正制度中占有重要地位。

（二）实践中责令限期改正通知书常见问题及原因

常见问题一：责令限期改正通知文书有涂改

水行政处罚采用制式责令限期改正通知书，文书案由及责令限期改正的法律依据及责令限期改正内容空白，由执法人员根据当事人的违法情形进行填写。执法人员在填写过程中会出现因笔误错填法律依据或手写过程中出现错别字而对文书进行涂改，涂改后进行技术处理的情况。

但根据《北京市行政处罚案件标准》要求，责令限期改正通知书禁止涂改。因此在执法过程中应避免涂改，如出现笔误等错误时应重新申请、填写责令限期改正通知书。

常见问题二：责令限期改正通知书遗漏责令改正内容

水行政处罚启动后，执法人员对行政相对人涉嫌违法行为调查所依据的法律不同，责令行政相对人限期改正的内容也不同。在同一个案件中存在多个责令改正的内容。例如，《中华人民共和国防洪法》规定在河道挖取沙土应取得许可，行政机关责令行政相对人限期补办许可手续，如果行政相对人在规定的期限内未取得许可则应责令其恢复原状。执法人员在向行政相对人送达了责令限期补办许可的责令限期改正通知书后，应根据复查情况进一步采取措施。实践中，如果执法人员依据责令限期改正通知书的内容按时进行了复查，复查结果为当事人并未取得挖取沙土的行政许可，此时执法人员未责令行政相对人限期恢复原状，仅向行政相对人送达了行政处罚事先告知书。而按照法律规定，当事人未取得行政许可应责令其恢复原状，因此，执法人员应按照法定程序送达责令限期改正通知书并责令其限期恢复原状，才完成法定的调查程序。

（三）对执法办案中制作责令限期改正通知书的建议

首先，水行政机关制作、使用责令限期改正通知书应有法律法规关于责令限期改正的明确的规定；如果无法律依据，不可使用此文书。

其次，向当事人送达责令限期改正通知书时应按照行政诉讼法及民事诉讼法的相关规定送达。特别是在法律规定责令限期改正为行政处罚的前置条件的案件中，必须依法向当事人送达责令限期改正通知书，体现行政处罚行为的合法性。向当事人送达文书，应要求当事人在送达回证上签名或盖章。送达回证一式两份，一份由执法机关留存，另一份交付当事人。

再次，《中华人民共和国行政处罚法》《水行政处罚实施办法》等对于责令限期改正的期限目前并没有明确规定。水行政执法机关在责令当事人限期改正时要考虑改正期限的合理性，充分考虑违法行为的性质、当事人实际情况等以确保当事人有足够的时间消除、改正违法行为。

最后，在部分行政处罚案件中，依据法律规定责令当事人限期改正违法行为是作出行政处罚的前置条件，通过制作、送达责令限期改正通知书可以达到教育当事人的目的。如《北京市节水条例》第三十六条第四款规定："现场制售饮用水的单位和个人应当按照有关标准规范，安装尾水回收设施，对尾水进行利用，不得直接排放尾水，并依照本市有关规定向设施所在地卫生健康部门备案。"第六十五条第三款规定："违反本条例第三十六条第四款规定，现场制售饮用水的单位或者个人未安装尾水回收设施对尾水进行利用的，由水务部门责令限期改正；逾期不改正的，责令拆除，处五千元以上二万元以下罚款；未按照规定备案的，由卫生健康部门责令限期改正；逾期不改正的，处一千元以上五千元以下罚款。"

八、事先告知文书常见问题及分析

（一）事先告知文书在行政处罚程序中的意义

事先告知文书是指行政机关在作出行政处罚或不予行政处罚前向当事

人送达的拟作出的行政处罚（不予行政处罚）内容及事实、理由、依据，以及当事人享有的相关权利的文书。该类文书主要包括行政处罚事先告知书和不予行政处罚事先告知书，本书在此重点讨论行政处罚事先告知书。

行政机关为确保违法事实认定准确、法律依据适用正确、行政裁量客观公正、程序合法，在作出行政处罚决定前应依据《中华人民共和国行政处罚法》第四十四条和《水行政处罚实施办法》第二十条的规定，告知当事人拟作出的行政处罚内容及事实、理由、依据。因此，行政机关通过书面向当事人送达事先告知文书履行告知义务，既有利于充分保障行政相对人行使陈述申辩和听证的权利，也有利于监督行政机关依法行政、提高办案质量。

（二）实践中行政处罚事先告知书常见问题及原因

常见问题一：对于涉及罚款的行政处罚案件，行政处罚事先告知书未明确告知罚款数额

行政处罚预先告知书中的内容应当详尽、具体。对于罚款的行政处罚，行政机关应当事先告知拟对行政相对人罚款的具体数额，即行政处罚事先告知书告知的罚款数额是具体、明确的，不能仅按照法律法规规定的处罚幅度告知。未明确罚款数额的告知系不明确、不充分的告知，构成违反法定程序。

例如，依据《城镇排水与污水处理条例》第五十条规定："违反本条例规定，排水户未取得污水排入排水管网许可证向城镇排水设施排放污水的，由城镇排水主管部门责令停止违法行为，限期采取治理措施，补办污水排入排水管网许可证，可以处50万元以下罚款；造成损失的，依法承担赔偿责任；构成犯罪的，依法追究刑事责任。违反本条例规定，排水户不按照污水排入排水管网许可证的要求排放污水的,由城镇排水主管部门责令停止违法行为,限期改正,可以处5万元以下罚款;造成严重后果的,吊销污水排入排水管网许可证,并处5万元以上50万元以下罚款,可以向社会予以通报;造成损失的,依法承担赔偿责任;构成犯罪的,依法追究刑事责任。"

以上条款中第二款规定,排水户不按照污水排入排水管网许可证的要求排放污水的,由城镇排水主管部门责令停止违法行为,限期改正,可以处5万元以下罚款。实践中,某公司未按照排水许可证的要求排放污水,故水行政处罚机关拟对其进行行政处罚。在处罚前,水行政处罚机关向当事人送达了行政处罚事先告知书,告知当事人"拟处罚5万元以下罚款",而后却因作出的行政处罚决定书的罚款数额为4万元而被当事人提起行政复议。

行政复议机关以"因当事人进行了陈述、申辩,且事先告知中未明确具体数额,现有证据则无法证明行政机关是否因当事人的陈述、申辩而加重处罚"为由,认定行政机关所作行政处罚事先告知书未告知罚款具体数额,违反了《中华人民共和国行政处罚法》第四十四条的程序性规定,故其所作行政处罚决定书属于违反法定程序。最后,行政复议机关复议决定撤销行政机关作出的行政处罚决定书。

由此案可知,对于罚款的行政处罚未告知确定的处罚数额存在重大的法律风险。产生此问题的原因是执法人员错误理解了告知义务的基本要求,变相剥夺了当事人的合法权益。行政处罚事先告知书对告知内容应全面、具体。对《中华人民共和国行政处罚法》第四十四条的"行政机关在作出行政处罚决定之前,应当告知当事人拟作出的行政处罚内容及事实、理由、依据"应作如下理解。一是本条所称"拟作出的行政处罚内容"是指行政机关拟作出的行政处罚的具体内容,如行政机关拟作出"罚款2000元"的行政处罚。二是本条所称"拟作出的行政处罚"的"事实、理由、依据"是指行政机关认定当事人的违法事实及采信的证据、拟作出行政处罚的理由以及法律、法规或者规章关于此行政处罚的具体规定,也包括行政机关为了规范自身裁量权行使而制定的裁量基准。因此,通俗来讲,行政机关作出行政处罚决定以前,告知当事人拟作出的行政处罚内容及事实、理由、依据,是指执法人员必须告诉当事人的什么行为违法了,违反了什么法律、法规或者规章的什么规定,依据法律、法规或者规章的什么规定应当给予什么样的行政处罚,以及行政机关综合其违法行为的情节、危害后果等,拟决定给予的行政处罚种类和数量[1]。

常见问题二:没有采用正式的行政处罚事先告知书

实践中,执法人员在履行告知义务时会采用口头方式告知或者在调查询问时告知并记录在询问笔录中。

《中华人民共和国行政处罚法》没有规定履行告知义务的方式,但是《水行政处罚实施办法》第二十条明确规定:"水行政处罚机关在作出水行政处罚决定之前,应当书面告知当事人拟作出的水行政处罚内容及事实、理由、依据,并告知当事人依法享有陈述、申辩、要求听证等权利。不得限制或者变相限制当事人享有的陈述权、申辩权。"

---

[1] 江必新.行政处罚法条文精释与实例精解[M]北京:人民法院出版社,2021:258-259。

常见问题三：行政处罚事先告知书的法律依据引用错误

实践中，出现了因工作失误，执法人员制作的行政处罚事先告知书告知内容将认定当事人行为违法的条款和行政处罚条款引用同一条款，致使法律适用错误，法制审核过程中发现法律条文引用错误的情况。

（三）对执法办案中制作行政处罚事先告知书的建议

第一，行政处罚案件由于没有履行事先告知程序会导致行政处罚无效，所以水行政处罚（不予行政处罚）事先告知书应当依据法律法规和行政处罚裁量基准告知当事人拟处罚的种类、金额或拟不予处罚的决定并依法送达当事人。

第二，水行政处罚（不予行政处罚）事先告知书送达后当事人以口头形式提出陈述、申辩、提出要求听证的，执法人员应当制作笔录。笔录要经当事人核对，核对后当事人若对笔录进行修改，应对涂改处做技术处理，核对无误后由当事人签署"经核对，以上内容属实"的意思表示，并逐页签署姓名和日期。当事人明确表示没有陈述、申辩意见或者放弃陈述、申辩、要求听证权利的，由当事人在送达回证签署"本人（单位）无陈述、申辩意见"或者"本人（单位）放弃陈述、申辩、要求听证权利"的意思表示，并签署姓名和日期。

第三，根据《北京市行政处罚案卷标准》的规定，行政处罚事先告知书禁止涂改。因此，执法人员在制作水行政处罚事先告知书时应注意，不得对行政处罚事先告知书进行涂改，如有涂改，其相应的处理不是对涂改处做技术处理而是应重新制作水行政处罚事先告知书并送达当事人。

九、听证程序文书常见问题及分析

（一）听证程序文书在行政处罚程序中的意义

行政执法听证程序是指行政机关在执法过程中，作出影响行政相对人合法权益的决定之前，由行政机关组织的就案件事实、证据、依据及行政执法决定听取行政机关和当事人的意见，双方进行质证和辩论，给予行政相对人表达意见的机会，以保障行政相对人的合法权益不受侵害的法律程序[1]。听证由作出行政处罚的行政机关组织。具体实施工作由其法制机构或者相应机构负责。

行政执法听证程序文书主要包括听证告知书、听证通知书、听证笔录、听证公告、听证报告等。

1.听证告知书

听证告知书是指行政机关在决定行政处罚前，依法告知符合听证条件的当事人有要求听证的权利的法律文书。

《北京市行政处罚听证程序实施办法》[2]第五条规定："行政机关依据本办法第二条第一款规定向当事人告知听证权利时，应当送达听证告知书。听证告知书应当载明当事人要求听证的权利，行政机关已掌握的基本事实和相关证据，以及拟作出的行政处罚内容、事实、理由、依据。当事人要求听证的，可以在听证告知书的送达回证上签署意见，也可以在5日内以

---

[1] 关保英.行政程序法学[M].北京：北京大学出版社，2021：553.
[2] 1996年9月23日北京市人民政府第14号令发布，根据2018年2月12日北京市人民政府第277号令第一次修改，根据2021年12月30日北京市人民政府第302号令第二次修改。

其他书面方式向行政机关提出听证要求。当事人逾期未提出要求的，视为放弃听证权利。"

《北京市行政处罚听证程序实施办法》第二条规定："经立案调查，行政机关(含经依法授权或者受委托的行政执法组织，下同)拟作出行政处罚法第六十三条第一款规定的行政处罚决定的，应当在案件调查终结前告知当事人有要求听证的权利。当事人要求听证的，依照行政处罚法和本办法执行。行政处罚法第六十三条第一款规定的较大数额罚款、较大数额违法所得、较大价值非法财物的标准，以及其他较重的行政处罚种类，由市级行政机关确定，并报市政府法制机构备案。"

《中华人民共和国行政处罚法》第六十三条规定："行政机关拟作出下列行政处罚决定，应当告知当事人有要求听证的权利，当事人要求听证的，行政机关应当组织听证：（一）较大数额罚款；（二）没收较大数额违法所得、没收较大价值非法财物；（三）降低资质等级、吊销许可证件；（四）责令停产停业、责令关闭、限制从业；（五）其他较重的行政处罚；（六）法律、法规、规章规定的其他情形。当事人不承担行政机关组织听证的费用。"

2. 听证通知书

听证通知书是指行政执法部门依法决定举行听证会并向当事人告知听证会具体事项的文书。《中华人民共和国行政处罚法》第六十四条规定："听证应当依照以下程序组织：（一）当事人要求听证的，应当在行政机关告知后五日内提出；（二）行政机关应当在举行听证的七日前，通知当事人及有关人员听证的时间、地点……"《水行政处罚实施办法》第四十七条规定："听证应当由水行政处罚机关法制工作机构或者相应机构负责，依照以下程序组织：（一）当事人要求听证的，应当在水行政处罚机关告知后五个工作日内提出；（二）在举行听证会的七个工作日前应当向当事人及有关人员送达水行政处罚听证通知书，告知举行听证的时间、地点、听证人员名单及当事人可以申请回避和委托代理人等事项……"

3. 听证笔录

听证笔录是指行政机关依据法律规定召开听证会时记载听证过程的文书。《北京市行政处罚听证程序实施办法》第七条规定："听证由行政机关的法制机构工作人员等非本案调查人员主持，并应当有专人记录。当事人认为听证主持人与本案有直接利害关系，有权在听证前向行政机关提出回避申请；是否回避由行政机关负责人决定。"

听证笔录在行政处罚中具有重要作用，是行政处罚的依据。《中华人民共和国行政处罚法》第六十五条规定，听证结束后，行政机关应当根据听证笔录，依照法律规定作出决定。《水行政处罚实施办法》第四十八条规定，听证结束后，水行政处罚机关应当根据听证笔录，并依照该办法第三十八条的规定作出决定。听证会为行政处罚执法部门和行政相对人提供了质证和辩论的平台，通过听证笔录记载执法部门查明的事实、法律适用、自由裁量权的适用等，为双方提供充分的举证、质证的机会。

首先，听证笔录可以体现执法行为的合法性，充分保障行政相对人的合法权益。

其次，通过听证笔录记载的内容也可以防止行政相对人在行政诉讼中证据突袭，在执法部门执法过程中故意不提供证据导致行政机关败诉。《最高人民法院关于行政诉讼证据若干问题的规定》第五十九条规定："被告在行政程序中依照法定程序要求原告提供证据,原告依法应当提供而拒不提供,在诉讼程序中提供的证据,人民法院一般不予采纳。"根据规定,当事人在听证中有权对案件调查人员提出的证据进行质证并提出新的证据。通过听证笔录详细、准确的记载可固定证据,防止行政相对人在诉讼中恶意提交新的证据。

4.听证公告

听证公告是指行政机关公开举行听证时,向社会公众告知听证有关事项的文书。依据法律规定,除涉及国家机密、商业秘密或者个人隐私依法予以保密外,听证应当公开举行。听证举行前,行政机关应当将听证的内容、时间、地点及有关事项,予以公告。

5.听证报告

听证报告是指在听证结束后,听证主持人依据听证过程中案件调查人员提出当事人违法的事实、证据、处罚依据以及行政处罚建议、当事人对案件涉及的事实、适用法律及有关情况的陈述和申辩及双方举证、质证等情况,向行政负责人提出的书面意见。听证报告和听证笔录是行政机关依法作出行政处罚决定的重要依据。

《北京市水行政处罚程序若干规定》第二十条规定:"听证结束后,听证主持人应当依据听证情况,提出书面听证报告,书面听证报告包括下列事项:(一)案件调查认定的基本情况;(二)当事人对水行政处罚机关认定的违法事实、情节、适用法律依据等情况的陈述、申辩,以及从轻、减轻或者不予行政处罚的要求;(三)听证主持人的意见或者建议。"

（二）实践中听证程序文书常见问题及原因

常见问题一：听证告知书中告知当事人要求听证时间没有留足法定期限，对较大数额罚款没有书面告知当事人拟罚款的具体数额

《北京市行政处罚听证程序实施办法》第五条规定："听证告知书应当载明当事人要求听证的权利，行政机关已掌握的基本事实和相关证据，以及拟作出的行政处罚内容、事实、理由、依据。当事人要求听证的，可以在听证告知书的送达回证上签署意见，也可以在5日内以其他书面方式向行政机关提出听证要求。当事人逾期未提出要求的，视为放弃听证权利。"

2021年实施的《中华人民共和国行政处罚法》第六十四条规定，当事人要求听证期限从原来的3日修改为现在的5日，但部分执法人员在履行听证告知义务时仍然告知行政相对人要求听证的时间为3日期限，明显法律适用错误。

同时，听证告知书应明确告知拟将处以罚款的具体数额。只有罚款数额明确、具体，当事人在听证时才能充分进行举证、质证，双方就罚款数额的事实依据、法律依据、裁量基准适用才能进行充分的辩论。明确、具体的罚款数额也能充分证明行政执法机关并未因行政相对人的陈述、申辩而加重对其进行处罚。

常见问题二：听证告知书在告知的申请听证期限届满前作出行政处罚

《中华人民共和国行政处罚法》规定，当事人申请听证时间为5个工作日。人民法院在行政诉讼事件中，关于当事人听证申请有效期限届满前，行政机关作出行政处罚的裁判要旨认为："听证权是行政法领域中相对人享有的重要权利,告知相对人听证申请既是法定程序,也是行政机关的法定义务,行政机关应以适当的形式履行义务,为相对人正确、充分行使听证权提供必要条件。特别是在涉当事人重大权益的行政处罚程序中,公安机关应充分考虑当事人放弃或撤回听证申请后再次提出听证要求的可能性,如未待听证申请有效期限届满,仅以当事人放弃听证申请为由即作出行政处罚决定,人民法院不予支持。例如,2月6日向当事人送达行政处罚听证告知书,行政机关在2月13日之后才能作出行政处罚决定,于2月13日前作出处罚决定明显不当。"

常见问题三:听证通知书遗漏权利告知事项或者有涂改

行政机关在制作听证通知书时没有告知当事人依法享有要求主持人回避权利,没有告知当事人未按期参加听证并且未事先说明理由的视为放弃听证权利。

听证通知书的内容是听证公开、公正和效率原则的体现,《中华人民共和国行政处罚法》第六十四条规定,行政机关应当在举行听证的7日前,通知当事人及有关人员听证的时间、地点和方式;告知听证主持人的姓名、职务和机构,当事人认为主持人与本案有直接利害关系的,有权申请回避;告知当事人有权委托代理人参加听证并告知未参加听证的法律后果:当事人及其代理人无正当理由拒不出席听证或者未经许可中途退出听证的,视为放弃听证权利,行政机关终止听证。《北京市行政处罚听证程序实施办法》第六条规定:"当事人提出听证要求后,行政机关应当及时组织听证,并在听证举行7日前书面通知当事人举行听证的时间、地点、主持人等有关事项,由当事人在通知书送达回证上签字。当事人应当按期参加听证。当事人有正当理由要求延期的,准许延期一次;当事人未按期参加听证且事先未说明理由的，视为放弃听证权利。"

根据《北京市行政处罚案卷标准》规定，听证通知书禁止涂改，如果在制作听证通知书过程中发现错误，应重新制作而不得对听证通知书进行涂改并在涂改处进行技术处理。听证报告亦禁止涂改，听证主持人在制作听证报告时不得进行涂改。

常见问题四：听证笔录没有宣布听证会场纪律、当事人权利和义务或者没有进行相关记录

实践中，存在听证主持人没有宣布听证会场纪律、当事人权利和义务，或者宣布了听证会场纪律、当事人权利和义务但没有进行记录的情况。其原因是主要对程序权利的重视不够。

常见问题五：听证报告没有记载听证主持人意见或者建议，或者听证主持人没有签署姓名

根据《北京市行政处罚听证程序实施办法》、《北京市水行政处罚程序若干规定》和《北京市行政处罚案卷标准》的规定，听证报告的文书要素应包括听证主持人的意见、签名和签字日期。

《北京市行政处罚听证程序实施办法》第十二条规定："听证结束后，听证主持人应当依据听证情况，提出书面意见。行政机关应当根据听证主持人的意见和听证笔录，依法作出行政处罚决定。听证的举行，不影响当事人申请行政复议、提起行政诉讼以及请求国家赔偿等权利的行使。"

《北京市水行政处罚程序若干规定》第二十条规定："听证结束后，听证主持人应当依据听证情况，提出书面听证报告，书面听证报告包括下列事项：（一）案件调查认定的基本情况；（二）当事人对水行政处罚机关认定的违法事实、情节、适用法律依据等情况的陈述、申辩,以及从轻、减轻或者不予行政处罚的要求;(三)听证主持人的意见或者建议。"

(三)对执法办案中制作听证程序文书的建议

1. 关于听证通知书

行政机构在确定听证举行时间和地点后,应当制作加盖行政机关印章的听证通知书,并依法于7日前送达当事人。听证通知书要包含告知当事人举行听证的具体时间和具体地点、可以要求听证主持人回避的权利。听证通知书应当准确记载当事人的姓名或者名称,当事人的姓名或者名称应当与其身份证或营业执照信息一致,不能出现错别字或者简称。听证通知书禁止涂改,如发现文字错误应重新制作。

2. 关于听证笔录

听证笔录是行政机关记载举行听证过程内容的文书,应详细记录听证的整个过程,载明执法人员介绍案情的过程;载明当事人或者其委托代理人进行陈述、申辩、质证的过程;载明当事人最后陈述的内容;确保当事人程序性的权利和陈述、申辩的权利。执法人员、听证主持人、记录人应在听证笔录上签署姓名和日期;当事人及其委托代理人核对听证笔录后,逐页签署姓名和日期,并在最后一页签署"经核对,以上内容属实"的意思表示。当事人或者其委托代理人拒绝签名的,由记录人在笔录中予以注明。当事人或其委托代理人如对听证笔录有涂改,应进行技术处理。

3. 关于听证报告

听证结束后,听证主持人依据听证情况向行政机关负责人提出书面意见。听证报告应详细记录举行听证的情况，包括听证的案由、时间、地点和参加人情况，以确保与听证通知书通知的时间一致。还应包括执法人员查明的案件情况，以及拟作出的行政处罚内容、依据与当事人或委托代理人针对行政机关认定的违法事实、情节等提出的主要观点、理由和证据，对当事人或委托代理人陈述、申辩的主要内容进行归纳总结。听证报告应针对案件调查人、当事人或委托代理人听证后的情况进行总结，提出主持人的看法、理由、处理意见和建议。听证报告书应客观、公正地反映听证过程，既反映当事人及其委托代理人的意见，也反映行政案件调查人及相关人员对案件的陈述、质证情况。报告中要表明是否采纳当事人提出的意见、证据。

第三章

审查决定阶段案卷评查常见问题及分析

一、案件调查终结处理审批文书常见问题及分析

（一）案件处理呈批表在行政处罚程序中的意义

案件处理呈批表是指对立案调查的案件，认为已经查清违法事实，需要给予当事人行政处罚或者不予行政处罚，由承办人员填写全部案件情况和处理意见呈请有关机构、领导的审批的文书。

案件处理呈批表包含案由、当事人基本情况、违法事实、法律后果、证据、法律依据及承办人员意见、部门审核意见、行政机关负责人意见。

《水行政处罚实施办法》第三十七条规定："案件调查终结，水行政执法人员应当及时提交调查报告。调查报告应当包括当事人的基本情况、违法事实、违法后果、相关证据、法律依据等，并提出依法是否应当给予水行政处罚以及给予何种水行政处罚的处理意见。"

《北京市水行政处罚程序若干规定》第二十一条规定："对违法行为调查终结，案件承办人员应当就案件的事实、证据、处罚依据和处罚意见等，提出书面报告，并按照下列权限处理：（一）拟作出不予行政处罚的，或者对公民处以五千元以下罚款、对法人或者其他组织处以五万元以下罚款的，经受委托组织从事行政处罚决定审核的人员进行法制审核后，由受委托组织负责人作出决定，报水行政处罚机关印章管理机构用印盖章。（二）拟对公民处以超过五千元至一万元以下罚款、对法人或者其他组织处以超过五万元至十万元以下罚款的，经受委托组织从事行政处罚决定审核的人员进行法制审核后，由受委托组织负责人进行集体讨论，参加人数不得少于负责人职数的四分之三。列席人员应为案件承办人、从事行政处罚决定审核的人员和

其他相关人员。受委托组织负责人集体讨论后作出决定，报水行政处罚机关印章管理机构用印盖章。（三）拟作出通报批评，或者拟对公民处以超过一万元至十万元以下罚款、对法人或者其他组织处以超过十万元至三十五万元以下罚款的，经受委托组织从事行政处罚决定审核的人员法制审查后，由受委托组织负责人进行集体讨论，参加人数不得少于负责人职数的四分之三。列席人员应为案件承办人、内设法制工作机构负责人和其他相关人员。受委托组织负责人集体讨论后提出行政处罚建议，经水行政处罚机关法制机构进行法制复核，报水行政处罚机关负责人审查同意后用印盖章。（四）对情节复杂或者拟对公民处以超过十万元罚款、对法人或者其他组织处以超过三十五万元罚款、吊销许可证等水行政处罚，由案件承办人员提出行政处罚建议经受委托组织负责人签署意见后，报水行政处罚机关法制机构进行法制审核，由水行政处罚机关法制机构报请水行政处罚机关主管负责人审查，提请水行政处罚机关领导班子集体讨论决定。参加人数不得少于水行政处罚机关领导职数的四分之三。列席人员应为案件承办人、受委托组织负责人、水行政处罚机关法制机构负责人和其他相关人员。依法应当经有关部门批准的水行政处罚，履行完前述程序后，报有关部门批准后决定。"

（二）实践中案件处理呈批表常见问题及原因

常见问题一：案件处理呈批表中的案由与立案呈批表中的案由不一致

案件处理呈批表中的案由应与立案呈批表中的案由保持一致，且案由应使用法律语言与水行政机关公布的行政处罚清单事项名称保持一致，避免表述的口语化或随意增减内容。

常见问题二：当事人基本信息存在错误

案件处理呈批表在填写当事人基本情况时要记录当事人的公民身份号码或统一社会信用代码等基础信息。承办人员在日常工作中要办理大量的案件，因此，在填写案件处理呈批表时存在因数字、字母较多时容易出现多记、少记、错记信息的情况，导致公民身份号码错误或统一社会信用代码错误；有时也存在将相同案由的当事人信息"张冠李戴"的情况。虽然案件处理呈批表属于过程性文件，但是作为行政处罚案卷调查终结审批文书，水行政机关负责人依据此文书进行审核，当事人有可能将面临行政处罚，因此案件处理呈批表应认真、准确填写。

常见问题三：案件处理呈批表正文的要素内容记录不全面

实践中，执法人员在填写案件处理呈批表时，对于违法事实内容的记录存在漏项的情况。其主要原因是对违法事实的概念和法律规定理解的问题。漏项的内容主要集中在违法事实的内容记录不全面及承办人意见中未提出进行法制审核。

在执法文书制作过程中易出现对于当事人违法行为描述含混不清、对于违法事实及结果表述不完整的情况，对于当事人在陈述、申辩时的意见以及提交的相关材料要全面核查、确定，判断是否对于案件定性、当事人认定有利害关系，以及不予采纳的理由及依据要表述清楚。自由裁量要严格依照当事人的违法事实的主客观情况、法律法规规定、自由裁量权规定等作出综合判断，不能主观判断，不能漏掉重要环节和情节。

《中华人民共和国行政处罚法》第四十条规定："公民、法人或者其他组织违反行政管理秩序的行为，依法应当给予行政处罚的，行政机关必须查明事实；违法事实不清、证据不足的，不得给予行政处罚。"

违法事实是指公民、法人或者其他组织违反行政管理秩序的行为事实，包括行为主体（责任主体），违法行为发生的时间、地点，违法行为的性质、情节和社会危害程度方面的重要事实。[①] 违法事实部分需要分以下几个部分来描述。

第一部分是当事人基本情况。不同类型的当事人基本信息不同。当事人是自然人的，基本信息包括姓名、性别、年龄、居民身份号码、住址；当事人是法人或非法人组织的，基本信息包括当事人名称、类型、统一社会信用代码、住所、法定代表人或负责人姓名等。

第二部分是详细介绍调查取证的经过、当事人的违法事实以及相关证据。首先，要写清楚案件调查取证的时间、地点、方法；其次，要调查清楚违法行为发生的时间，不论是合法的还是非法的，都应全部如实描述；最后，还应当写明责令限期改正的要求和改正的期限。

当事人的违法事实部分主要写清当事人实施违法行为的具体过程，包括时间、地点、目的、方式手段、经过、情节、主客观因素、危害结果。违法事实部分总的要求就是字、词、句准确明了，语句通顺、简明扼要地表述清楚当事人的违法事实。

第三部分是案件性质，即违法事实的内容对照法律、法规、规章等得出的定性结论。其中，首要的便是正确引用相关法律、法规、规章的条款以及相关解释的原文。认定违法行为的依据应当使用法律、法规、规章的

---

① 江必新.行政处罚法条文精释与实例精解[M].北京：人民法院出版社，2021：244.

准确名称，引用法律、法规、规章内容应当具体到条、款、项、目。

第四部分是处罚依据。这部分应当引用处罚的法律依据（罚则）原文。作出处罚决定的依据应使用法律、法规、规章的准确名称，引用法律、法规、规章内容应具体到条、款、项、目。

第五部分是行使自由裁量权的理由。结合《北京市水行政处罚裁量基准》《北京市常用水行政处罚裁量基准表》认定应当从重处罚、从轻减轻处罚或一般处罚的情节和理由。

在文书制作过程中，关于"承办人意见"易出现没有案件调查终结的意思表示、给予的行政处罚与自由裁量规定不符的情况，或出现对于需要提出进行法制审核提请集体讨论的案件，由于对当事人的性质判断不清，应该集体讨论的案件没有提请集体讨论的情况。

（三）对执法办案中制作案件处理呈批表的建议

调查终结后，案件承办人员应填写处理建议，呈报审核、批准作出处理决定使用的文书。

在案件处理呈批表中，承办人意见部分要有明确案件已调查终结的意思表示，同时根据相关法律、法规、规章的规定，结合自由裁量的理由，提出行政处罚的具体建议。对于需要进行法制审核、提请集体讨论的案件，处理建议还应同时提出进行法制审核、提请集体讨论的建议。写明"鉴于当事人的上述情形，依照××法律法规或规章的第××条（款、项）之规定，建议对当事人作出如下行政处罚：……"的意思表示。

根据《北京市行政处罚案卷标准》的规定，需要进行法制审核、提请集体讨论的案件，处理建议还应同时提出进行法制审核、提请集体讨论的建议。执法人员在制作案件处理呈批表时均能对符合集体讨论的案件在承办人意见处提请集体讨论，但是很少提出对于应进行法制审核的意见。

《中华人民共和国行政处罚法》第五十八条规定："有下列情形之一，在行政机关负责人作出行政处罚的决定之前，应当由从事行政处罚决定法制审核的人员进行法制审核；未经法制审核或者审核未通过的，不得作出决定：（一）涉及重大公共利益的；（二）直接关系当事人或者第三人重大权益，经过听证程序的；（三）案件情况疑难复杂、涉及多个法律关系的；（四）法律、法规规定应当进行法制审核的其他情形。"

《水行政处罚实施办法》第三十九条规定："有下列情形之一，在水行政处罚机关负责人作出水行政处罚的决定之前，应当进行法制审核；未经法制审核或者审核未通过的，不得作出决定：（一）涉及防洪安全、供水安全、水生态安全等重大公共利益的；（二）直接关系当事人或者第三人重大权益，经过听证程序的；（三）案件情况疑难复杂、涉及多个法律关系的；（四）法律、法规规定应当进行法制审核的其他情形。前款规定情形以外的，可以根据案件情况进行法制审核。"

二、法制审核意见书常见问题及分析

（一）法制审核意见书在行政处罚程序中的意义

法制审核意见书是指水行政执法机构在作出重大行政执法决定前，由该行政执法单位的法制审核机构对拟作出的决定，根据规定进行合法性、合理性审核后形成的执法文书。

重大执法决定法制审核是确保行政执法机关作出的重大执法决定合法有效的关键环节。《中华人民共和国行政处罚法》第五十八条和《水行政处罚实施办法》第三十九条规定，行政机关在办理涉及重大公共利益、涉及行政相对人或第三人重大权益经过听证程序、案件情况疑难复杂的案件时，法制审核是必经程序，是行政执法机关通过内部程序实施执法预防、执法控制、执法纠错的重要机制。

《中华人民共和国行政处罚法》第五十八条规定："有下列情形之一，在行政机关负责人作出行政处罚的决定之前，应当由从事行政处罚决定法制审核的人员进行法制审核；未经法制审核或者审核未通过的，不得作出决定：（一）涉及重大公共利益的；（二）直接关系当事人或者第三人重大权益，经过听证程序的；（三）案件情况疑难复杂、涉及多个法律关系的；（四）法律、法规规定应当进行法制审核的其他情形。行政机关中初次从事行政处罚决定法制审核的人员，应当通过国家统一法律职业资格考试取得法律职业资格。"

《中华人民共和国行政处罚法》第五十八条并没有明确重大公共利益的标准，需通过具体个案结合法律解释进行分析和适用。

《水行政处罚实施办法》第三十九条规定："有下列情形之一，在水行政处罚机关负责人作出水行政处罚的决定之前，应当进行法制审核；未经法制审核或者审核未通过的，不得作出决定：（一）涉及防洪安全、供水安全、水生态安全等重大公共利益的；（二）直接关系当事人或者第三人重大权益，经过听证程序的；（三）案件情况疑难复杂、涉及多个法律关系的；（四）法律、法规规定应当进行法制审核的其他情形。前款规定情形以外的，可以根据案件情况进行法制审核。"

《水行政处罚实施办法》第四十条对法制审核内容作了明确规定："法制审核内容：（一）水行政处罚主体是否合法，水行政执法人员是否具备执法资格；（二）水行政处罚程序是否合法；（三）案件事实是否清楚，证据是否合法充分；（四）适用法律、法规、规章是否准确，裁量基准运用是否适当；（五）水行政处罚是否按照法定或者委托权限实施；（六）水行政处罚文书是否完备、规范；（七）违法行为是否涉嫌犯罪、需要移送司法机关；（八）法律、法规规定应当审核的其他内容。"

（二）实践中法制审核意见书常见问题及原因

常见问题：部分处罚案件的法制审核整体结论性意见只简单地表述为"同意"，未根据不同情形提出同意或者存在问题的书面审核意见

根据《中华人民共和国行政处罚法》《水行政处罚实施办法》《国务院办公厅关于全面推行行政执法公示制度执法全过程记录制度重大执法决定法制审核制度的指导意见》等规定，法制审核的内容包括案卷材料、文书制作、执法程序、案件事实、证据、法律适用及办案机构办理建议、裁量基准等多个方面，因此，法制审核时的审核意见不能仅简单地概括为"同意"，意见过于简单不能体现法制审核的过程，容易使法制审核工作流于形式，不能体现法制审核工作的真正价值。

（三）对执法办案中制作法制审核意见书的建议

根据法律、法规、规范性文件的要求，明确法制审核的内容应从以下几个方面进行审核，审核过程中应对执法案卷的全部材料细致研究。审核的具体内容应包括执法行为是否符合法定职权、案件事实是否清楚、证据是否确实充分、法律依据是否准确、行政执法程序是否合法、裁量是否合理、案卷材料是否完整、文书制作是否规范。对符合法定职权、事实清楚、证据确凿、法律依据正确、程序合法、裁量合理的，提出通过的审核意见。对以上内容不全的执法案卷提出不通过的审核意见，建议补充调查或者提出改正意见。

另外，法制审核虽然以书面审核为主，但必要时可以向经办部门了解案情，向调查人员了解情况，听取意见和建议，以保证法制审核的客观、全面、准确。

三、集体讨论记录文书常见问题及分析

（一）行政案件集体讨论记录在行政处罚程序中的意义

行政案件集体讨论记录是指由专人负责记录行政机关负责人对情节复杂或者重大违法行为给予行政处罚案件进行集体讨论的过程及讨论结果的文书。

行政处罚决定集体讨论，是行政处罚的一种决定方式。《中华人民共和国行政处罚法》第五十七条第二款规定："对情节复杂或者重大违法行为给予行政处罚，行政机关负责人应当集体讨论决定。"

情节复杂或重大违法行为的行政处罚结果通常较重或社会影响较大，也会对行政相对人的权益产生较大的影响。因此，通过集体讨论并将讨论过程、讨论结果进行记录，体现了行政机关作出行政处罚的审慎的工作态度，规范行政执法行为；同时，通过集体讨论发挥民主意见，防止错误决策，确保处罚决定的公平、公正，体现了行政处罚公正、公开的原则。

《水行政处罚实施办法》对应当集体讨论的行政处罚作了进一步规定。《水行政处罚实施办法》第四十一条规定："有下列情形之一，在作出水行政处罚决定前，水行政处罚机关负责人应当集体讨论：（一）拟作出较大数额罚款、没收较大数额违法所得、没收较大价值非法财物决定的；（二）拟作出限制开展生产经营活动、降低资质等级、吊销许可证件、责令停产停业、责令关闭、限制从业决定的；（三）水行政处罚机关负责人认为应当提交集体讨论的其他案件。前款第（一）项所称'较大数额'、'较大价值'，对公民是指人民币（或者等值物品价值）五千元以上、对法人或者其他组织是指人民币（或者等值物品价值）五万元以上。地方性法规、地方政府规章另有规定的，从其规定。"

北京市水务局《水务重大行政执法决定事项目录》规定："二、下列行政处罚决定属于重大行政执法决定（一）对公民处以超过一万元、对法人或者其他组织处以超过十万元罚款的行政处罚决定；（二）没收公民违法所得或者非法财物价值超过五千元、没收法人或者其他组织违法所得或者非法财物价值超过五万元的行政处罚决定；（三）降低资质等级、吊销许可证件的行政处罚决定；（四）责令停产停业、责令关闭、限制从业的行政处罚决定；（五）其他涉及重大公共利益的行政处罚决定；（六）其他直接关系当事人或者第三人重大权益，经过听证程序的行政处罚决定；（七）案件情况疑难复杂、涉及多个法律关系的行政处罚决定；（八）法律、法规、规章规定的其他情形。"

（二）实践中行政案件集体讨论记录常见问题及原因

常见问题一：参加集体讨论的行政机关负责人未达到规定的人数

行政处罚法等法律提及行政机关负责人的概念时，并没有进一步明确其具体含义。根据《最高人民法院关于适用〈中华人民共和国行政诉讼法〉的解释》第一百二十八条规定："行政诉讼法第三条第三款规定的行政机关负责人，包括行政机关的正职、副职负责人以及其他参与分管的负责人。"根据规定，实际参加集体讨论的人员须达到应参加集体讨论的分管负责人的三分之二以上。但实践中存在对行政机关负责人的狭义理解，认为行政机关的正职负责人参加集体讨论即符合集体讨论的条件，致使应参加集体讨论的分管负责人未达到规定的人数。

常见问题二：出席集体讨论的人员未在集体讨论记录上签字

如上文所述，实际参加集体讨论的人员达到应参加集体讨论的分管负责人的三分之二以上方属合规，因此，所有参加集体讨论的正职、副职负责人和分管负责人均应在集体讨论记录上签字。记录人应如实记录全部出席人员发表的意见和主要负责人作出的结论性处理意见。并记录下主持人、记录人的签名和签字日期。

除了上文所述行政机关的正职、副职和分管负责人外，办案机构、法制审核机构工作人员、法律顾问等应列席集体讨论，记录人应对列席人员的姓名和职务进行记录，对办案机构人员、法制审核机构人员的发言进行详细记录。列席人员的发言内容是参加集体讨论的负责人发表意见和最终的结论性处理意见的重要参考依据。

常见问题三：行政事件集体讨论记录涂改处的技术处理不符合要求

行政事件集体讨论应由专人负责记录，记录人在记录过程中因出现错记、漏记而进行涂改时，应在涂改处、空格处、空白处做技术处理。实践中，记录人对涂改处做技术处理时仅签名或仅捺指印，不符合技术处理的要求。根据规定，对涂改处技术处理时应采用在文书涂改处捺压指印并签名的处理方式。捺指印、签名缺一不可。

（三）对执法办案中制作行政案件集体讨论记录的建议

首先，行政案件集体讨论是行政处罚决定环节的一种形式。集体讨论应在全部执法程序完成之后由行政机关负责人召集以会议的形式进行，因此，在召集会议进行集体讨论时应注意时间节点，集体讨论记录应准确记录日期。

其次，集体讨论由专人负责记录，记录人员可提前制作记录提纲，以确保集体讨论内容全面、记录准确，如在讨论过程中有遗漏，可提醒负责人。行政案件集体讨论的内容应包括：对案件情况的调查或对违法事实的认定是否清楚、证据是否确凿；适用法律法规是否正确；程序是否合法，特别是当事人是否陈述、申辩，陈述、申辩的理由是否成立，是否采纳；当事人要求听证的,听证过程中当事人的质证、辩论意见是否成立,是否采纳等情况;提出的处罚意见是否恰当;处罚文书制作是否规范。

最后,集体讨论记录作为行政处罚案卷的重要组成部分,集体讨论记录原件应入卷保存,如涉及多个案件同时提请集体讨论的,应当分别制作集体讨论记录。

四、行政处罚决定书常见问题及分析

(一)行政处罚决定书在行政处罚程序中的意义

行政处罚决定书是行政管理机关针对当事人的违法行为,在经过调查取证掌握违法证据的基础上,制作的记载当事人违法事实、处罚理由、依据和决定等事项的具有法律强制力的书面法律文书。根据《中华人民共和国行政处罚法》的规定,行政处罚决定书分为两种:一是当场行政处罚决定书,仅适用简易程序处罚;二是一般行政处罚决定书,适合一般程序的法律案件。

行政处罚决定书是行政机关作出行政处罚决定后,向当事人出具的文书。行政处罚是行政机关保障法律实施的一个重要手段,同时,保障和监督行政机关正确实施行政处罚,对于维护公民合法权益有重要意义。保障和监督行政机关正确实施行政处罚,还可以促使行政机关提高执法水平,改进管理,加强法治教育,密切与群众的关系,取得广大人民群众的支持,达到有效地进行行政管理、保障法律贯彻的目的。

（二）实践中行政处罚决定书常见问题及原因

常见问题：行政处罚决定书告知的行政复议机关错误

根据1999年10月1日实施的《中华人民共和国行政复议法》《水利部行政复议工作暂行规定》《住房城乡建设行政复议办法》的规定，针对水行政执法机构作出的不同类型的行政处罚决定不服的行政复议机构为北京市人民政府、水利部、住房和城乡建设部。2023年9月1日发布、2024年1月1日起实施的新《中华人民共和国行政复议法》对行政复议管辖体制进行了修改。关于管辖制度的最主要修改是，除垂直领导等特殊情形外，申请人对县级以上地方各级人民政府工作部门及其派出机构、授权组织等作出的行政行为不服的，以前是选择向本级人民政府或者上一级主管部门申请行政复议，现在则是原则上统一向本级人民政府申请行政复议。实践中，出现了涉及具体的行政处罚决定时告知的行政复议机构错误的情况。例如，在2024年新《中华人民共和国行政复议法》实施前，当事人未取得取水许可证擅自取水行政处罚案的行政复议机关为北京市人民政府和水利部，而在行政处罚决定书中告知行政复议机关为北京市人民政府与住房和城乡建设部，其中便存在错误。根据新《中华人民共和国行政复议法》规定，自2024年1月1日起，北京市水务局作出的行政处罚决定的复议机关为北京市人民政府。

（三）对执法办案中制作行政处罚决定书的建议

通常，行政机关作出行政处罚决定的日期与文书制发日期不是同一天，因此，行政机关应当在行政处罚决定书中注明作出行政处罚决定的日期。对于经过集体讨论的行政处罚案件，以行政机关集体讨论日期为作出处罚决定的日期；其他行政处罚案件，以案件调查终结处理呈批表中负责人的审批日期为作出行政处罚决定的日期。

第四章

送达阶段案卷评查常见问题及分析

水行政执法文书的送达是指将行政机关依法实施行政处罚、行政强制过程中签发的执法文书送交当事人的行为。行政执法文书的送达作为行政程序中的重要内容，发生在行政执法的各个环节，水行政机关执法程序中形成的送达文书包括送达信息确认书、送达回证或者是送达证明材料。本部分主要讨论送达信息确认书和送达回证。

一、送达信息确认书常见问题及分析

（一）送达信息确认书在行政处罚程序中的意义

送达信息确认书是指行政机关在立案调查开始后向行政相对人提供的并由行政相对人填写确认接收执法程序各类文书的文书。

送达信息确认书的使用，首先，有利于执法文书的准确、有效送达；其次，通过送达信息确认书可以增加执法文书的送达途径。《中华人民共和国行政处罚法》第六十一条新增了行政处罚决定书电子送达制度。行政机关采用传真、电子邮件等电子方式送达行政处罚决定书的，应当事先征得当事人同意，并由当事人在送达地址确认书中予以确认。通过填写送达信息确认书，有利于增加执法文书送达的途径；通过传真、电子邮件等方式送达，便于行政相对人接收文件、提高工作效率。

《中华人民共和国行政处罚法》第六十一条规定："行政处罚决定书应当在宣告后当场交付当事人；当事人不在场的，行政机关应当在七日内依照《中华人民共和国民事诉讼法》的有关规定，将行政处罚决定书送达当事人。当事人同意并签订确认书的，行政机关可以采用传真、电子邮件等方式,将行政处罚决定书等送达当事人。"

(二)实践中送达信息确认书常见问题及原因

常见问题一:送达信息确认书中的当事人信息与代收人信息填写错误

当调查对象是单位时,单位会委托受托人代收执法过程文书和行政处罚决定书。有时受托人错误理解自己在执法案件中的地位,在填写送达信息确认书时将当事人信息与代收人信息填反,而执法人员在收到受托人提供的授权委托材料和送达信息确认书时虽然核对了当事人及受托人基本信息内容是否准确,但是对填写位置是否正确存在疏忽。行政相对人作为受送达人,其基本信息包括公民姓名、法人或者其他组织全称、证件类型及号码、正在使用的联系电话、邮寄地址等信息内容,这些信息均应填写在当事人信息一栏中。受托人作为代理人代收执法文书,其个人信息应填写在代收人信息一栏中。当事人若同意电子送达,则应提供电子邮箱、传真号码信息。

常见问题二:行政相对人是法人或其他组织时,当事人即受送达人应签名、盖章确认

《中华人民共和国行政处罚法》中明确规定,当事人可以委托代理人的法律规定是针对听证程序。当事人可以亲自参加听证,也可以委托一至二人代理。当事人委托代理人参加听证的,应当在举行听证前向行政处罚机关提交委托书。除此之外,没有明确的法律依据规范行政处罚案件的当事人委托他人接收行政执法程序文书。

基于《中华人民共和国行政处罚法》第六十一条、《北京市水行政处罚程序若干规定》第二十八条规定，实务中，行政机关向当事人提供送达信息确认书确认当事人的送达地址和代收人的送达信息。因此，为保证送达的有效性，送达信息确认书务求真实、全面，避免后续送达产生无效的法律后果。执法人员要准确理解受托人不是本案的当事人，"当事人确认"栏必须由接受立案调查的行政相对人签名、盖章确认。《北京市行政处罚案卷标准》规定，受送达人应在送达信息确认书上签署"经本人（单位）确认，同意按照上述信息送达相关法律文书"，因此，涉及法人或者授权代理人填写时，仅有代理人签名确认是不符合要求的，必须要有当事人本人或本单位的签名、盖章。

（三）对执法办案中制作送达信息确认书的建议

送达信息确认书确认的送达信息涵盖案件的各个执法阶段，包括立案、调查取证、行政处罚和行政决定等。因此，从立案初期即应要求行政相对人填写送达信息确认书。

执法人员要提高法律素养，要严格区分当事人和代收人（受托人）的法律地位，如果当事人是法人或其他组织时"当事人确认"栏除当事人签名外还要加盖单位的公章，以保证水行政执法过程性文书及行政处罚决定书送达的合法性和有效性，避免当事人为逃避行政处罚而从程序上寻找执法漏洞。

二、送达回证常见问题及分析

（一）送达回证在行政处罚程序中的意义

送达回证是指行政机关按照固定格式制作的，用以确认行政机关已完整履行送达义务、当事人已经收到或者应当收到行政机关签发的行政执法文书的凭证。水行政处罚程序中的送达回证主要包括：责令限期改正通知书的送达回证、听证通知书的送达回证、行政处罚事先告知书的送达回证，以及行政处罚决定书、催告书、行政处罚缴款书的送达回证。

《中华人民共和国行政处罚法》第六十一条规定："行政处罚决定书应当在宣告后当场交付当事人；当事人不在场的，行政机关应当在七日内依照《中华人民共和国民事诉讼法》的有关规定，将行政处罚决定书送达当事人。当事人同意并签订确认书的，行政机关可以采用传真、电子邮件等方式，将行政处罚决定书等送达当事人。"本条是关于行政处罚决定书的送达的根本规定，行政执法过程中的其他执法文书的送达，也要按此规定执行。

水行政处罚机关送达水行政执法文书，可以采取下列方式：直接送达、留置送达、邮寄送达、委托送达、电子送达、转交送达、公告送达或者其他方式。送达水行政执法文书，应当使用送达回证并存档。

执法文书的送达与否，决定了该文书是否对受送达人发生法律效力。在各类行政执法案件中，执法文书的送达是执法人员执法过程中的重要环节，也是执法活动中的难点。其难就难在因当事人不配合调查故意拒收或因送达信息确认书信息错误致使执法文书无效送达，将可能直接导致行政行为、行政处罚无效。因此，送达回证作为证明法律文书有效送达的凭证，执法人员应着重从程序合法性角度理解如何实施送达行为实现有效送达。

《北京市水行政处罚程序若干规定》第二十八条规定："水行政处罚决定书应当在宣告后，当场交付当事人；当事人不在场的，应当在七日内依照《中华人民共和国民事诉讼法》的有关规定送达当事人。当事人同意并签订确认书的，可以采用传真、电子邮件等方式，将水行政处罚决定书等送达当事人。向当事人直接送达水行政处罚决定书，必须由当事人或者代收人在送达回证上记明收到日期，并签名或者盖章。当事人拒收水行政处罚决定书的，送达人应当记明拒收的事由和日期并签名，将水行政处罚决定书留置当事人住所或者收发部门，即视为送达，并采用拍照、录像等方式记录送达过程。委托送达的，应当委托行政机关送达。邮寄送达的，必须有邮寄凭证。通过其他方式均无法送达的，可以采取公告送达方式。公告送达采取人民法院认可的方式刊登公告；自发出公告之日起，公告期为六十日；公告期满后，即视为送达；采用公告送达方式的，应当在案卷中记明原因和经过。"

（二）实践中送达回证常见问题及原因

常见问题一：送达回证中的签收人不符合法定条件、送达期限不符合规定

实践中，执法人员在送达执法文书时如遇当事人不在场的情况，会交给其同住人员签收，但往往未核实同住人员的身份、未要求同住人员提供成年家属的证明。例如，同住人与受送达人为朋友关系、情侣关系而在送达回证上签字，但因签收人不符合法定条件致使送达存在瑕疵，甚至会导致其送达的该文书对受送达人不发生法律效力。

当受送达人是公民时，合格签收人是本人、同住的成年家属。但只有在直接送达时其本人不在的情形下，方可交其同住的成年家属代收。成年家属的范围包括夫妻、父母、成年子女。

当受送达人是法人或其他组织时，合格签收人是法人的法定代表人、其他组织的主要负责人或者该法人、组织负责收件的人以及其授权委托签收的个人。

另外，送达超期也是送达实务中的常见问题。《水行政处罚实施办法》第四十五条规定："水行政执法文书应当在宣告后当场交付当事人；当事人不在场的，水行政处罚机关应当在七个工作日内依照《中华人民共和国民事诉讼法》的有关规定，将水行政处罚决定书送达当事人，由当事人在送达回证上签名或者盖章，并注明签收日期。签收日期为送达日期。"

执法人员在七个工作日送达一般不会出现问题，容易出现问题的是对行政处罚决定书送达期限的计算问题。

根据法律规定，当事人不在现场的，法律文书通常应当在七日内送达。七日指的是自作出决定之日起七个工作日内作出送达行为。此处要注意的是，行政处罚决定书的落款日期应当是行政处罚决定的作出日期。该日期应与行政机关负责人的批准日期相同，但实务中往往把打印日期作为落款日期，与负责人批准日期不符，这是错误的。

常见问题二：送达回证记录留置送达，不符合法定条件

留置送达是执法、司法实践中的难点，执法人员在留置送达时易产生错误。留置送达是指在向受送达人或有资格接受送达的人送交需要送达的诉讼文书、法律文书时，受送达人或有资格接受送达的人拒绝签收，送达人依法将诉讼文书、法律文书留放在受送达人住所的方式。也即留置送达是直接送达被拒绝时所采取的强制送达方式。[①]其主要问题是采用留置送达时，无符合条件的见证人或见证人不愿意在送达回证上签字，而执法人员未对留置送达过程拍照、录像。根据规定，当事人拒收水行政处罚决定书的，送达人应当记明拒收的事由和日期并签名，将水行政处罚决定书留置当事人住所或者收发部门，即视为送达，并采用拍照、录像等方式记录送达过程。

（三）对执法办案中制作送达回证的建议

送达回证是指能够证明行政机关在法定期限内履行了相关告知、送达义务，当事人已经收到或者应当收到行政机关签发的执法文书的重要书证材料。在实践中，法律文书的送达方式以及送达时间在复议、诉讼、执行阶段经常要被多方反复审查。送达方式不恰当、送达回证的遗失或者填写不规范，往往会被判定为程序不合法而导致行政强制措施、行政处罚等具体行政行为的无效。

为保障送达的有效性，送达回证的形式上必须符合要求。承办人员制作送达回证时应认真核对送达文书的名称和文书编号；所有承办人员均应手写签名；如果收件人为非受送达人本人时，应当注明签收人情况，包括签收人的姓名、身份证号、与受送达人的关系和联系方式等。

[①] 史洪举. 留置送达面临的困境及对策[EB/OL]. （2013-04-09）[2024-06-10]. https://www.chinacourt.org/article/detail/2013/04/id/938794.shtml#:~:text=.

根据《中华人民共和国民事诉讼法》的规定，合法的送达见证人有两类：一是基层组织代表，即政府部门中的办事处、居（村）委会的工作人员；二是当事人所在单位的代表，一定是与当事人有直接身份隶属关系或直接工作的单位的代表。代表是指受单位指派作为见证人的工作人员，其他人员则不具备送达见证人的资格。此情形下，应当在送达回证备注中注明见证人身份来源及单位指派过程。除此之外的单位、组织和个人是不能作为送达见证人的。实践中，很难找到适格的见证人，因此，在调查取证、留置送达、执行等容易引发争议的环节，往往采用文字和音像两种方式同时记录。执法记录仪的记录时间应与送达回证上记录的送达时间一致。

另外，执法人员也可以采用电子送达的方式进行送达。电子送达的前提是以当事人签署送达信息确认书的方式取得当事人的书面同意。实践中，电子送达中"受送达人同意"的认定是易产生争议之处，因此，执法过程中应留存好受送达人书面同意的材料并入卷。

第五章

执行阶段案卷评查常见问题及分析

一、行政处罚缴款书常见问题及分析

（一）行政处罚缴款书在行政处罚程序中的意义

行政处罚缴款书是指由财政部门统一监制、行政机关签发的用于当事人缴纳罚款、银行收取罚款以及确认缴纳国库的专用文书。

2021年实施的《中华人民共和国行政处罚法》首次将电子支付作为罚款缴纳的途径之一，对于行政处罚信息化建设具有重要意义。行政罚款作为非税收入，必须直接进入财政专项账户，而不允许从第三方支付中转后再进入专项账户。

（二）实践中行政处罚缴款书常见问题及原因

常见问题：缴款期限起始时间计算不准确

《中华人民共和国行政处罚法》第六十七条第三款规定："当事人应当自收到行政处罚决定书之日起十五日内，到指定的银行或者通过电子支付系统缴纳罚款……"

根据法律规定，当事人的缴款期限为十五日，起始时间自当事人收到行政处罚决定书的次日起计算。实践中，存在送达当天即开始计算缴款期限的情形，是对当事人合法权益的侵害，平时执法中应予以注意。

（三）对执法办案中制作行政处罚缴款书的建议

行政处罚缴款书应填写行政处罚决定书编号，缴款书内容应当统一手写或者电脑打印。缴款期限为十五日，起始时间自当事人收到行政处罚决定书的次日起计算。

当事人履行完毕后,行政机关应将行政机关保存的回执联原件入卷,禁止使用存根联、被处罚人回执联原件或者复印件入卷。如果行政机关未收到财政部门返回的回执联或者回执联丢失,应通过财政罚没收入管理系统查询并打印该笔缴款执行情况记录,由查询人注明该记录的获取时间、获取方式、制作人、制作时间以及对回执联未入卷的情况说明,并加盖行政机关印章。

二、分期(延期)缴纳罚款审批表常见问题及分析

(一)延期(分期)缴纳罚款审批表在行政处罚程序中的意义

延期(分期)缴纳罚款审批表是指当事人即被处罚人被处以罚款的行政处罚后,在收到缴款书后十五日内书面提出分期(延期)缴纳罚款的申请,行政机关履行审批手续的执法文书。行政机关同意被处罚人分期、延期缴纳罚款的,应当依据已作出的处罚决定书向当事人制作延期(分期)执行协议书和延期(分期)缴款书。

《中华人民共和国行政处罚法》第六十六条规定:"行政处罚决定依法作出后,当事人应当在行政处罚决定书载明的期限内,予以履行。当事人确有经济困难,需要延期或者分期缴纳罚款的,经当事人申请和行政机关批准,可以暂缓或者分期缴纳。"

实践中,一些当事人有按照行政处罚决定书载明的期限缴纳罚款的意愿,但确实因经济困难暂时没有能力按时一次性全部履行缴纳罚款。针对

这种情况，法律规定了暂缓或者分期缴纳罚款的制度，行政机关在作出行政处罚决定确定履行方式和期限时应当予以充分考虑。

当事人提出延期或分期缴纳罚款申请时，应当说明经济困难的具体情形。行政机关应当对当事人的申请严格把关，经核实当事人确有申请中提出的经济困难的具体情形时，应当批准申请，依法作出允许暂缓或者分期缴纳罚款的决定。决定书应当明确暂缓缴纳罚款的期限，或者分期的期数和期限等内容。

（二）实践中分期（延期）缴纳罚款审批表常见问题及原因

常见问题：当事人申请延期（分期）缴纳罚款的理由未详细阐述

行政处罚决定书告知当事人如果缴纳罚款确有困难，可以申请分期（延期）缴纳罚款。当事人提出申请时，应明确说明"确有困难"的具体情形。行政机构对于当事人提出的申请应进行审核，在审批表"当事人申请延期（分期）缴纳罚款的理由"一栏中应对当事人提出的理由予以审核，并认定"确有困难"的具体情形是否确实、充分。而不能仅仅将法条内容列入审核一栏，表述为"确有困难"，未对具体的困难情形进行阐述。"确有困难"是申请延期（分期）的条件，而非理由。

（三）对执法办案中制作分期（延期）缴纳罚款审批表的建议

第一，关于分期缴纳罚款，一般缴纳期限多久合适，法律没有明确规定。执法机关应根据公平、公正、合理原则，判断当事人是否符合法律规定的"确有经济困难"情形，建议分期缴纳期限定在6个月内，如果罚款数额较大，也最多不超过1年。

第二，若当事人缴纳第一期罚款后，若再未缴纳罚款，则行政机关应按照《中华人民共和国行政强制法》的规定分期催告，催告书送达10日后当事人仍未履行义务的，可分期向所在地有管辖权的人民法院申请强制执行。滞纳金按照分期逾期不缴纳数额计算，每日按分期逾期数额的3%加处罚款。由于被处罚人已经申请延期或者分期缴纳罚款并得到行政机关批准，即已经明确表示同意履行行政罚款决定，所以，行政机关申请人民法院强制执行不再需要等待申请行政复议或者提起行政诉讼法定期限届满。

第三，被处罚人可以申请延期或分期缴纳罚款，但实践中，行政机关通常批准暂缓缴纳罚款，便于后期被处罚人不按期缴纳罚款时行政机关申请强制执行。为避免批准当事人分期缴纳罚款后，其不按期按时缴纳而增加后续申请强制执行的工作，在同意分期缴纳罚款决定书中可明确告知，如果当事人未按时缴纳任何一期罚款将不再执行本决定书，当事人应按照法律规定和处罚决定缴纳剩余罚款和滞纳金，经催告后仍不缴纳的，将申请人民法院强制执行。根据《中华人民共和国行政强制法》规定，行政机关申请人民法院强制执行前，应当催告当事人履行义务。

三、行政强制执法文书常见问题

（一）行政强制执法文书在行政处罚程序中的意义

行政强制包括行政强制措施和行政强制执行。行政强制措施是指行政机关在行政管理过程中，为制止违法行为、防止证据损毁、避免危害发生、控制危险扩大等情形,依法对公民的人身自由实施暂时性限制,或者对公民、法人或者其他组织的财物实施暂时性控制的行为。行政强制执行是指行政机关或者行政机关申请人民法院,对不履行行政决定的公民、法人或者其他组织,依法强制履行义务的行为。

行政机关通过制作、送达行政执法文书,规范其行政强制的实施、保障和监督行政机关依法履行职责、保护当事人的合法权益。水行政执法机关主要涉及行政强制执行执法文书的制作和送达,本章仅讨论行政强制执行执法文书。

(二)行政强制执行执法文书常见问题及原因

常见问题一:行政机关采取行政强制执行未履行催告程序、催告书送达程序不符合法律规定

根据《中华人民共和国行政强制法》[①]的规定,行政强制执行必须遵循法定程序,即在送达行政处罚决定书后,当事人逾期不履行行政处罚决定书要求其履行的行政处罚决定时,应当向当事人送达催告书,催告当事人履行行政处罚决定。经催告后,当事人既不履行行政决定,也不申请行政复议或提起行政诉讼的,行政机关方可强制执行,否则构成程序违法。行政机关作出催告书后应当将催告书直接送达当事人或按照《中华人民共和国民事诉讼法》的相关规定送达。例如,执法人员向当事人送达催告书时,当事人不在家,由其好友代为签收则不符合法律规定。

---

① 2011年6月30日第十一届全国人民代表大会常务委员会第二十一次会议通过,自2012年1月1日起施行。

《中华人民共和国行政强制法》第三十七条规定："经催告，当事人逾期仍不履行行政决定，且无正当理由的，行政机关可以作出强制执行决定。强制执行决定应当以书面形式作出，并载明下列事项：（一）当事人的姓名或者名称、地址；（二）强制执行的理由和依据；（三）强制执行的方式和时间；（四）申请行政复议或者提起行政诉讼的途径和期限；（五）行政机关的名称、印章和日期。在催告期间，对有证据证明有转移或者隐匿财物迹象的，行政机关可以作出立即强制执行决定。"

《中华人民共和国行政强制法》第三十八条规定："催告书、行政强制执行决定书应当直接送达当事人。当事人拒绝接收或者无法直接送达当事人的，应当依照《中华人民共和国民事诉讼法》的有关规定送达。"

常见问题二：在实施行政强制执行时未保障当事人的陈述、申辩权

行政机关在实施行政强制决定时，应当告知当事人享有陈述、申辩的权利，并且要认真听取当事人的陈述、申辩。例如，行政机关对当事人的违法行为作出罚款的行政处罚，当事人未按期缴纳罚款，行政机关向当事人送达催告书后其仍未缴纳罚款，执法机关依法对其作出加处罚款决定。执法机关作出、送达加处罚款决定书时应告知当事人享有陈述、申辩权。如行政机构不能提供证据证明其在作出"加处罚款决定书"等执法文书之前听取了当事人的陈述和申辩或曾告知当事人有陈述权、申辩权则程序违法，剥夺了当事人应当享有的合法权利。根据《中华人民共和国行政诉讼法》第七十条第（三）项规定，行政行为违反法定程序的，人民法院将判决予以撤销或者部分撤销。

《中华人民共和国行政强制法》第八条规定："公民、法人或者其他组织对行政机关实施行政强制，享有陈述权、申辩权；有权依法申请行政复议或者提起行政诉讼；因行政机关违法实施行政强制受到损害的，有权依法要求赔偿。公民、法人或者其他组织因人民法院在强制执行中有违法行为或者扩大强制执行范围受到损害的，有权依法要求赔偿。"

《中华人民共和国行政诉讼法》第七十条规定："行政行为有下列情形之一的，人民法院判决撤销或者部分撤销，并可以判决被告重新作出行政行为：（一）主要证据不足的；（二）适用法律、法规错误的；（三）违反法定程序的；（四）超越职权的；（五）滥用职权的；（六）明显不当的。"

（三）对执法办案中制作行政强制执行执法文书的建议

水行政机关适用的行政强制执行方式主要是《中华人民共和国行政强制法》第十二条规定的加处罚款或者滞纳金和排除妨碍、恢复原状。

第一，行政机关制作、送达加处罚款决定书时应告知当事人加处罚款的标准；因水行政执法机关无强制执行权，如当事人在法定期限内不申请行政复议或者提起行政诉讼，又不履行行政决定的，水行政执法机关可以自期限届满之日起三个月内，依法申请人民法院强制执行。行政机关向人民法院申请强制执行行政罚款的同时一并申请执行加处罚款，加处罚款的金额通常与罚款本金一致。如水行政执法机关批准延期、分期缴纳罚款的，申请人民法院强制执行的期限，自暂缓或者分期缴纳罚款期限结束之日起计算。

《中华人民共和国行政强制法》第四十五条规定："行政机关依法作出金钱给付义务的行政决定，当事人逾期不履行的，行政机关可以依法加处罚款或者滞纳金。加处罚款或者滞纳金的标准应当告知当事人。加处罚款或者滞纳金的数额不得超出金钱给付义务的数额。"

《中华人民共和国行政处罚法》第七十二条第二款规定："行政机关批准延期、分期缴纳罚款的，申请人民法院强制执行的期限，自暂缓或者分期缴纳罚款期限结束之日起计算。"

第二，水行政机关作出恢复原状的行政强制决定时应公告。针对当事人违法的建筑物、构筑物，水行政机关作出排除妨碍、恢复原状，要求其强制拆除的行政强制决定时，应当遵循行政强制执行的一般程序规定，包括催告、听取陈述和申辩、作出强制拆除决定书、公告、申请强制执行等。强制拆除具有一定的特殊性，实施强制拆除的，行政机关须进行公告限期当事人自行拆除，而后在符合条件时向人民法院申请强制执行。

《中华人民共和国行政强制法》第四十四条规定："对违法的建筑物、构筑物、设施等需要强制拆除的，应当由行政机关予以公告，限期当事人自行拆除。当事人在法定期限内不申请行政复议或者提起行政诉讼，又不拆除的，行政机关可以依法强制拆除。"

第三，水行政机关申请强制执行时应在法定期限内向有管辖权的人民法院提交强制执行申请书和相关材料。强制执行申请书应当由行政机关负责人签名，加盖行政机关的印章、注明日期，并根据《中华人民共和国行政强制法》第五十五条的规定提交相关材料。

《中华人民共和国行政强制法》第五十三条规定："当事人在法定期限内不申请行政复议或者提起行政诉讼,又不履行行政决定的,没有行政强制执行权的行政机关可以自期限届满之日起三个月内,依照本章规定申请人民法院强制执行。"第五十四条规定："行政机关申请人民法院强制执行前,应当催告当事人履行义务。催告书送达十日后当事人仍未履行义务的,行政机关可以向所在地有管辖权的人民法院申请强制执行;执行对象是不动产的,向不动产所在地有管辖权的人民法院申请强制执行。"

《中华人民共和国行政强制法》第五十五条规定："行政机关向人民法院申请强制执行,应当提供下列材料:(一)强制执行申请书;(二)行政决定书及作出决定的事实、理由和依据;(三)当事人的意见及行政机关催告情况;(四)申请强制执行标的情况;(五)法律、行政法规规定的其他材料。"

第六章

结案审批阶段案卷评查常见问题及分析

一、案件处理呈批表常见问题及分析

（一）案件处理呈批表在行政处罚程序中的意义

案件处理呈批表是指行政处罚案件调查终结后，案件承办人员填写处理建议，呈报审核、批准作出处理决定使用的文书。

案件处理呈批表经负责人批准后，对不需要进行行政处罚的案件，由案件承办人直接办理结案并通知当事人；对需要进行行政处罚的案件，由案件承办人执行。

（二）实践中案件处理呈批表常见问题及原因

常见问题一：行政处罚建议涉及罚款时，未明确具体金额和计算过程

《北京市行政处罚案卷标准》规定，行政处罚建议涉及罚款、没收违法所得的，承办人员在承办人意见处应明确拟处罚的具体金额和计算过程。实践中，存在执法人员在承办人意见处未对罚款数额的计算过程进行说明。例如，对于某未经批准擅自取水的行政处罚案件，当事人取水管管径（DN）大于80，根据《北京市常用水行政处罚裁量基准表》规定，当事人具有 $100m^3 < 取水量 \leqslant 200m^3$ 或（$DN50 < 取水管管径 \leqslant DN100$）的情节时，其行政处罚应为 $6万元 < 罚款额 \leqslant 8万元$。承办人员建议罚款6.1万元，但未说明计算过程。

常见问题二：对需要进行法制审核、提请集体讨论的案件，承办人员未同时提出进行法制审核、提请集体讨论的建议

同样，根据《北京市行政处罚案卷标准》的规定，需要进行法制审核、提请集体讨论的案件，处理建议还应同时提出进行法制审核、提请集体讨论的建议。作出下列行政处罚的，应当进行法制审核：案件涉及重大公共利益的；案件疑难复杂、涉及多个法律关系的；直接关系当事人或者第三人重大权益，经过听证程序的；涉嫌犯罪或者职务违法，拟移送公安机关或者监察机关的；法律、法规、规章规定的其他重大行政处罚决定事项。

产生上述问题的原因是承办人员对应当进行法制审核的行政处罚事由及相关法律规定记忆不准确、对建议法制审核的事项理解不准确。有时是基于办案期限的压力，法制审核机构完成审核后，根据不同情形提出同意或存在问题的书面审核意见。而承办人员根据法制审核意见作出相应处理并再次审核后不能在法律规定的办案期限内作出行政处罚决定。

（三）对执法办案中制作案件处理呈批表的建议

在案件处理呈批表"执法人员的处理建议"一栏中执法人员应当根据不同的调查结果提出以下不同建议：违法事实清楚、证据确凿应当予以处罚的，综合违法事实、性质、情节、危害后果等因素，提出行政处罚的依据和裁量建议；拟作出罚款行政处罚的，建议中应当明确罚款具体数额和计算过程。具体的罚款数额有利于在后续送达事先处罚告知书时给予明确的数额，保障当事人行使陈述、申辩权利。

二、结案报告常见问题及分析

（一）结案报告在行政处罚程序中的意义

结案报告是指行政执法机构的承办单位对所办理的案件，认为符合结案条件可以结案时制作的报请有关领导批准结案处理的文书。结案报告是说明办案结果，提出结案理由，呈请上级领导审查批准的内部审批文书。

结案报告的制作是整个案件已按照法定程序处理完毕的重要标志，意味着可以将有关案件材料进行装订，归档保存。一旦形成结案报告，说明案件流程符合结案标准，即满足以下条件之一：行政处罚决定执行完毕的；对已经依法申请人民法院强制执行，人民法院依法受理或裁定终结执行的；不予行政处罚决定已经送达的；违法事实不成立，撤案的；因涉嫌违法的公民死亡，或者法人、其他组织终止且无权利义务承受人，案件已经终止调查的；不属于本机关管辖，已经移送其他机关处理的；其他应予结案的情形。

（二）实践中结案报告常见问题及原因

常见问题一：行政处罚决定尚未执行完毕就申请结案

《水行政处罚实施办法》第五十六条规定："有下列情形之一，水行政执法人员应当制作结案审批表，经水行政处罚机关负责人批准后结案：（一）水行政处罚决定执行完毕的；（二）已经依法申请人民法院强制执行，人民法院依法受理的；（三）决定不予水行政处罚的；（四）案件已经移送管辖并依法受理的；（五）终止调查的；（六）水行政处罚决定被依法撤销的；（七）水行政处罚决定终结执行的；（八）水行政处罚机关认为可以结案的其他情形。"

《最高人民法院关于适用〈中华人民共和国行政诉讼法〉的解释》第一百六十条规定："人民法院受理行政机关申请执行其行政行为的案件后，应当在七日内由行政审判庭对行政行为的合法性进行审查，并作出是否准予执行的裁定。人民法院在作出裁定前发现行政行为明显违法并损害被执行人合法权益的，应当听取被执行人和行政机关的意见，并自受理之日起三十日内作出是否准予执行的裁定。需要采取强制执行措施的，由本院负责强制执行非诉行政行为的机构执行。"

行政机关依法作出行政处罚决定后，当事人在法定期限内不申请行政复议或提起行政诉讼，又不履行行政处罚决定的，具有行政强制执行权的行政机关依据《中华人民共和国行政强制法》的规定强制执行；不具有强制执行权的行政机关需要向人民法院申请强制执行。因水行政执法机构没有强制执行权，在当事人没有履行行政处罚决定书时，水行政执法机构需要在履行催告等法定程序后向人民法院申请强制执行。实践中存在承办人在当事人未履行行政处罚决定时，向人民法院申请强制执行后、人民法院未作出是否准予执行的裁定时即申请结案的情形。

常见问题二：结案报告没有记载行政执法人员申请结案的意思表示或者没有记载行政执法人员的签名或者签字日期

按照法律规定，行政处罚案件承办人须有两名以上。在行政案件符合结案条件时提交的结案报告中，在承办人结案建议处应由两名以上承办人在"承办人结案建议"处手写签名和签字日期，应在"承办人结案建议"处手写申请结案，作出申请结案的意思表示。

（三）对执法办案中制作结案报告的建议

结案报告是对立案调查的案件在行政处罚决定履行或者执行后，或者对不作行政处罚的案件，报请负责人批准结案的文书。因此，对于执行方式，除了自觉履行外，还有复议结案、诉讼结案、强制执行等。针对强制执行，如当事人未履行行政处罚决定的，行政机关可向法院申请强制执行。法院受理后出具《××人民法院受理案件通知书》，行政机关可依据《××人民法院受理案件通知书》结案；或者在强制执行过程中当事人无相应的财产可供法院强制执行等情况下，行政机关可在收到法院的《××人民法院执行裁定书》后结案。执行结果要注明完全履行或者部分履行，部分履行需注明尚未履行的内容及原因。

　　结案报告要在案件办理完结之后尽快作出，要尽量详细地记载案件办理经过，有承办人、承办部门明确的结案建议。

第七章

案件移送程序案卷评查常见问题及分析

一、案件移送执法文书在行政处罚程序中的意义

案件移送执法文书是指行政机关将案件移送至其他行政机关继续办理的程序时使用的文书。此类文书主要包括案件移送审批文书、案件移送书、移送证据材料（物品）清单等。《中华人民共和国行政处罚法》是行政执法机关移送涉嫌刑事犯罪案件线索的义务来源。

《中华人民共和国行政处罚法》第八条规定："公民、法人或者其他组织因违法行为受到行政处罚，其违法行为对他人造成损害的，应当依法承担民事责任。违法行为构成犯罪，应当依法追究刑事责任的，不得以行政处罚代替刑事处罚。"

《中华人民共和国行政处罚法》第二十七条规定："违法行为涉嫌犯罪的，行政机关应当及时将案件移送司法机关，依法追究刑事责任。对依法不需要追究刑事责任或者免予刑事处罚，但应当给予行政处罚的，司法机关应当及时将案件移送有关行政机关。行政处罚实施机关与司法机关之间应当加强协调配合，建立健全案件移送制度，加强证据材料移交、接收衔接，完善案件处理信息通报机制。"

《中华人民共和国行政处罚法》第五十七条规定："调查终结，行政机关负责人应当对调查结果进行审查，根据不同情况，分别作出如下决定：（一）确有应受行政处罚的违法行为的，根据情节轻重及具体情况，作出行政处罚决定；（二）违法行为轻微，依法可以不予行政处罚的，不予行政处罚；（三）违法事实不能成立的，不予行政处罚；（四）违法行为涉

嫌犯罪的，移送司法机关。对情节复杂或者重大违法行为给予行政处罚，行政机关负责人应当集体讨论决定。"

二、实践中案件移送执法文书常见问题及原因

常见问题一：案件移送文书中的案件移送理由未详细表述

按照《北京市行政处罚案卷标准》要求，行政机关制作案件移送文书应当准确记载接收机关的名称、当事人基本情况、案件移送理由、移送内容、移送机关名称、印章、移送时间、负责移送的人员姓名和联系方式，以及执法人员建议移送案件的意思表示、签名和签字日期。实践中，行政机关承办人员在制作案件移送书中出现过笼统概括案件移送理由，如记录为"办案过程中发现××的违法行为涉嫌构成犯罪，依法需要追究刑事责任"等情形。

《行政执法机关移送涉嫌犯罪案件的规定》[①]第三条规定："行政执法机关在依法查处违法行为过程中，发现违法事实涉及的金额、违法事实的情节、违法事实造成的后果等，根据刑法关于破坏社会主义市场经济秩序罪、妨害社会管理秩序罪等罪的规定和最高人民法院、最高人民检察院关于破坏社会主义市场经济秩序罪、妨害社会管理秩序罪等罪的司法解释以及最高人民检察院、公安部关于经济犯罪案件的追诉标准等规定，涉嫌构成犯

---

① 2001年7月9日中华人民共和国国务院令第310号公布，根据2020年8月7日《国务院关于修改〈行政执法机关移送涉嫌犯罪案件的规定〉的决定》修订，自2020年8月7日起施行。

罪，依法需要追究刑事责任的，必须依照本规定向公安机关移送。知识产权领域的违法案件，行政执法机关根据调查收集的证据和查明的案件事实，认为存在犯罪的合理嫌疑，需要公安机关采取措施进一步获取证据以判断是否达到刑事案件立案追诉标准的，应当向公安机关移送。"

常见问题二：案件移送执法文书涂改处技术处理不符合要求

案件移送审批文书可以涂改，但涂改处应做技术处理，即在涂改处签名并捺指印。案件移送书、移送证据材料（物品）清单按照规定禁止涂改，如果案件移送书、移送证据材料（物品）清单存在涂改则是不符合规定，应重新制作。

常见问题三：执法人员不愿意进行案件线索移交

实践中，执法人员对于可能存在涉嫌犯罪案件的线索移交往往有顾虑，其原因主要有两个。第一个原因是担心线索移交时对方不愿意接收，第二个原因是担心移交案件会被认定为"不依法履行职责"的情形。

按照法律规定，行政执法机关移送涉嫌犯罪案件线索没有否定性后果。

第一，犯罪线索的受理单位认为没有犯罪事实，或者犯罪事实显著轻微，不需要追究刑事责任，依法不予立案的，应当说明理由，并书面通知移送案件的行政执法机关，相应退回案卷材料。行政执法机关对于司法机关决定不予立案的案件，应当依据有关法律、法规或者规章的规定对违法案件继续作出处理。

《行政执法机关移送涉嫌犯罪案件的规定》第八条规定："公安机关应当自接受行政执法机关移送的涉嫌犯罪案件之日起3日内，依照刑法、刑事诉讼法以及最高人民法院、最高人民检察院关于立案标准和公安部关于公安机关办理刑事案件程序的规定，对所移送的案件进行审查。认为有犯罪事实，需要追究刑事责任，依法决定立案的，应当书面通知移送案件的行政执法机关；认为没有犯罪事实，或者犯罪事实显著轻微，不需要追究刑事责任，依法不予立案的，应当说明理由，并书面通知移送案件的行政执法机关，相应退回案卷材料。"

《行政执法机关移送涉嫌犯罪案件的规定》第九条规定："行政执法机关接到公安机关不予立案的通知书后，认为依法应当由公安机关决定立案的，可以自接到不予立案通知书之日起3日内，提请作出不予立案决定的公安机关复议，也可以建议人民检察院依法进行立案监督。作出不予立案决定的公安机关应当自收到行政执法机关提请复议的文件之日起3日内作出立案或者不予立案的决定，并书面通知移送案件的行政执法机关。移送案件的行政执法机关对公安机关不予立案的复议决定仍有异议的，应当自收到复议决定通知书之日起3日内建议人民检察院依法进行立案监督。公安机关应当接受人民检察院依法进行的立案监督。"

《行政执法机关移送涉嫌犯罪案件的规定》第十条规定："行政执法机关对公安机关决定不予立案的案件，应当依法作出处理；其中，依照有关法律、法规或者规章的规定应当给予行政处罚的，应当依法实施行政处罚。"

《行政执法机关移送涉嫌犯罪案件的规定》第十三条规定："公安机关对发现的违法行为，经审查，没有犯罪事实，或者立案侦查后认为犯罪事实显著轻微，不需要追究刑事责任，但依法应当追究行政责任的，应当及时将案件移送同级行政执法机关，有关行政执法机关应当依法作出处理。"

第二，行政执法机关移送涉嫌犯罪案件线索，如案件受理机关没有反馈，或事实上已经立案，行政执法机关有配合调查的义务。

《行政执法机关移送涉嫌犯罪案件的规定》第十二条规定："行政执法机关对公安机关决定立案的案件，应当自接到立案通知书之日起3日内将涉案物品以及与案件有关的其他材料移交公安机关，并办结交接手续；法律、行政法规另有规定的，依照其规定。"

《北京市行政执法机关移送涉嫌犯罪案件工作办法》[①]第十七条规定："公安机关、人民检察院查办刑事案件或者人民法院审理刑事案件过程中，需要行政执法机关予以协助的，行政执法机关应当予以协助。公安机关、人民检察院查办刑事案件或者人民法院审理刑事案件过程中发现涉嫌行政违法行为并移送行政执法机关查处的，行政执法机关应当在收到移送材料后当场登记、出具回执，并在5日内进行立案。行政执法机关应当在作出行政处理决定之日起3日内将行政处理结果反馈移送的司法机关。"

《北京市行政执法机关移送涉嫌犯罪案件工作办法》第十八条规定："本市建立涉嫌犯罪案件移送信息系统。各级行政执法机关、公安机关应当即时将涉嫌犯罪案件移送的证据要件以及案件移送和办理信息录入系统。"

---

① 2016年12月15日北京市人民政府第274号令公布，根据2018年4月24日北京市人民政府第281号令修改。

三、对执法办案中制作案件移送执法文书的建议

法律规范作为有机整体,需要行政执法人员对于违法行为的事实、性质、情节、社会危害后果等有一个基本的法律判断,若确有涉嫌刑事犯罪的可能,方可向有关机关进行线索移送。同时,对于可能涉嫌犯罪的案件应按照法律规定移送,行政执法机关不移送涉嫌犯罪案件的后果严重。对于行政案件满足犯罪构成要件,可能涉嫌犯罪的案件,行政执法机关对于涉嫌犯罪案件线索移交坚持"能移尽移"原则。

行政机关对于涉嫌刑事犯罪的案件线索进行移交并不是推卸行政机关的责任,行政机关在办理行政案件时发现可能涉嫌刑事犯罪的犯罪线索,应尽量都进行移交。在办案过程中如不能确定案件是否构成犯罪,也可以将犯罪线索移交相关单位进行处理。行政执法机关根据调查收集的证据和查明的案件事实,认为存在犯罪的合理嫌疑,需要司法机关采取措施进一步获取证据以判断是否达到刑事案件立案追诉标准的,应当向司法机关移送。

《中华人民共和国刑事诉讼法》[①]第一百一十条规定:"任何单位和个人发现有犯罪事实或者犯罪嫌疑人,有权利也有义务向公安机关、人民检

---

① 1979年7月1日第五届全国人民代表大会第二次会议通过,根据1996年3月17日第八届全国人民代表大会第四次会议《关于修改〈中华人民共和国刑事诉讼法〉的决定》第一次修正,根据2012年3月14日第十一届全国人民代表大会第五次会议《关于修改〈中华人民共和国刑事诉讼法〉的决定》第二次修正,根据2018年10月26日第十三届全国人民代表大会常务委员会第六次会议《关于修改〈中华人民共和国刑事诉讼法〉的决定》第三次修正。

察院或者人民法院报案或者举报。被害人对侵犯其人身、财产权利的犯罪事实或者犯罪嫌疑人，有权向公安机关、人民检察院或者人民法院报案或者控告。公安机关、人民检察院或者人民法院对于报案、控告、举报，都应当接受。对于不属于自己管辖的，应当移送主管机关处理，并且通知报案人、控告人、举报人；对于不属于自己管辖而又必须采取紧急措施的，应当先采取紧急措施，然后移送主管机关。犯罪人向公安机关、人民检察院或者人民法院自首的，适用第三款规定。"

《中华人民共和国行政处罚法》第八十二条规定："行政机关对应当依法移交司法机关追究刑事责任的案件不移交，以行政处罚代替刑事处罚，由上级行政机关或者有关机关责令改正，对直接负责的主管人员和其他直接责任人员依法给予处分；情节严重构成犯罪的，依法追究刑事责任。"

《行政执法机关移送涉嫌犯罪案件的规定》第十六条规定："行政执法机关违反本规定，逾期不将案件移送公安机关的，由本级或者上级人民政府，或者实行垂直管理的上级行政执法机关，责令限期移送，并对其正职负责人或者主持工作的负责人根据情节轻重，给予记过以上的处分；构成犯罪的，依法追究刑事责任。行政执法机关违反本规定，对应当向公安机关移送的案件不移送，或者以行政处罚代替移送的，由本级或者上级人民政府，或者实行垂直管理的上级行政执法机关，责令改正，给予通报；拒不改正的，对其正职负责人或者主持工作的负责人给予记过以上的处分；构成犯罪的，依法追究刑事责任。对本条第一款、第二款所列行为直接负责的主管人员和其他直接责任人员，分别比照前两款的规定给予处分；构成犯罪的，依法追究刑事责任。"

《中华人民共和国公职人员政务处分法》[1]第十条规定："有关机关、单位、组织集体作出的决定违法或者实施违法行为的，对负有责任的领导人员和直接责任人员中的公职人员依法给予政务处分。"

《中华人民共和国公职人员政务处分法》第三十九条规定："有下列行为之一，造成不良后果或者影响的，予以警告、记过或者记大过；情节较重的，予以降级或者撤职；情节严重的，予以开除：（一）滥用职权，危害国家利益、社会公共利益或者侵害公民、法人、其他组织合法权益的；（二）不履行或者不正确履行职责，玩忽职守，贻误工作的；（三）工作中有形式主义、官僚主义行为的；（四）工作中有弄虚作假，误导、欺骗行为的；（五）泄露国家秘密、工作秘密，或者泄露因履行职责掌握的商业秘密、个人隐私的。"

行政执法机关移送涉嫌犯罪案件时的途径、方式应根据《行政执法机关移送涉嫌犯罪案件的规定》《北京市行政执法机关移送涉嫌犯罪案件工作办法》等法律、法规办理。

行政执法机关移送涉嫌犯罪案件线索判断标准：执法人员发现违法事实涉及的金额、违法事实的情节、违法事实造成的后果等，根据刑法关于破坏社会主义市场经济秩序罪、妨害社会管理秩序罪等罪的规定和最高人民法院、最高人民检察院关于破坏社会主义市场经济秩序罪、妨害社会管理秩序罪等罪的司法解释以及最高人民检察院、公安部关于经济犯罪案件的追诉标准等规定，涉嫌构成犯罪。

---

[1] 2020 年 6 月 20 日第十三届全国人民代表大会常务委员会第十九次会议通过，自 2020 年 7 月 1 日起施行。

第八章

水行政执法标准案卷示例

本章模拟两个行政执法案例，选取执法案卷的常用执法文书作为示例，从立案、调查取证、陈述申辩、听证、行政处罚决定各阶段进行文书制作重点提示。书中会对不同的行政执法文书制作应包含的要素、易出现的问题等进行标注，为执法实践提供参考。本章案例中的常用执法文书及重点提示会有重复内容出现，目的是便于刚从事执法工作的执法人员在行政处罚案件不同阶段检索、使用具体的执法文书。本章模拟的两个案例分别以当事人为法人和当事人为自然人的角度进行示范。

第一个案例结合北京市强化生产建设项目水土保持的目标，以某公司"生产建设项目水土保持设施未经验收即投产使用"为案由，以公司为行政相对人，行政机构对该公司进行行政处罚时适用的执法文书的制作及送达的注意事项进行重点提示。

根据《北京城市总体规划（2016年—2035年）》要求，以水源保护为中心，强化水土保持生态修复、生态治理、生态保护三道防线，系统推进生态清洁小流域建设；地表地下协同修复水生态，维护河湖健康生命，复苏河湖生态环境。

根据北京市水务局2023年8月31日公布的2022年《北京市水土保持公报》统计："2022年，北京市进一步强化生产建设项目水土保持监督。全市共审批生产建设项目水影响评价文件（水土保持方案）764个，涉及水土流失防治责任范围1.38万公顷……完成850个生产建设项目水土保持设施自主验收报备；开展生产建设项目水土保持监督检查2485次，立案查处水土保持违法案件60起。"

第二个案例以"在××水库库区内使用以汽油为动力的游船"为案由，行政机构对自然人进行行政处罚时适用的执法文书的制作及送达的注意事项进行重点提示。

随着水上新兴娱乐项目的发展，水上摩托艇成为年轻人喜爱的娱乐项目。近年来发生多起当事人在水库使用以柴油、汽油为动力的摩托艇，对水库的生态环境造成影响。

水库是开发利用水资源和防治水灾害的重要工程措施之一，对防洪、供水、生态、发电、航运等至关重要。根据《北京市河湖保护管理条例》规定，利用河湖开办旅游项目或者从事其他利用活动的，应当符合水功能区划要求，保证河湖工程、行洪、河湖生态环境、水体、水质的安全，不得使用以柴油、汽油为动力的游船。本章通过以"在××水库库区内使用以汽油为动力的游船"为案由模拟案例，为执法工作人员办理案件制作文书提供借鉴；同时进行普法宣传，规范摩托艇爱好者遵守法律、文明亲水。

立案呈批表

京水务立字〔2023〕第××号

案由	生产建设项目水土保持设施未经验收即投产使用		
发案地点	北京市××区××路××号	发案时间	2023年××月××日
当事人	北京××有限公司		
联系地址	单位营业执照地址（有营业执照的，要与营业执照一致）		
案情摘要	2023年××月××日，北京市水务综合执法总队接到××举报（如果是检查中发现，填写执法队员×、×在检查中发现），×（当事人）疑似在北京市××区××路××号（违法行为发生地）生产建设项目水土保持设施未经验收即投产使用（实施的具体违法行为）。		
报告人	姓名	（如实填写）	报案时间	2023年××月××日
	工作单位	××单位	来源	举报
承办人意见	其行为涉嫌违反了《中华人民共和国水土保持法》第二十七条的规定，建议立案调查。 签名：张××、李× 2023年××月××日		
承办部门意见	拟同意承办人意见（手写） 签名：×× 2023年××月××日		
行政机关负责人意见	同意（手写） 签名：×× 2023年××月××日		
备注			

批注说明：

- 案由的表述应尽量与权力清单（行政处罚）的表述保持一致。
- 案件发生具体地点应以地理地点为准。
- 当事人栏应记录当事人的全称，有营业执照的，其名称和联系地址应与营业执照保持一致；若当事人办公地点与营业执照注册地不一致，联系地址也可根据当事人提供的送达地址确认书的联系地址填写。
- 立案呈批表属于立案阶段的文书，案情摘要是执法人员对已掌握的涉嫌违法案件的时间、地点、当事人、事实经过的简要描述。因此时尚处于立案阶段，不得对当事人的行为先行定性为违法，建议在违法行为前用"疑似""涉嫌"等来表述。
- 报告人的工作单位，若案件来源为接到举报的，填写管理单位；若是执法人员在检查中发现的，填写"北京市水务综合执法总队"。
- 案件来源主要包括以下几种方式：现场检查、投诉、举报、媒体曝光、上级机关交办、其他机关移送。来源应根据实际情况填写，与案情摘要表述一致。

现场勘验笔录

勘验时间	2023年××月××日××时××分至××时××分
地址、位置	北京市××区××路××号（发生违法行为的具体地理位置）
勘验内容	项目建设水土保持情况
勘验方式	GPS卫星定位、检查工程建设资料、照相取证

> 勘验方式根据实际情况如实填写，不要漏项。

勘验笔录：

　　被检查单位：北京××有限公司
　　营业场所：北京市××区××路××号
统一社会信用代码：9111××××××（有营业执照的，应与营业执照一致）
法定代表人：王××（有营业执照的，应与营业执照一致）

> 被检查单位应写全称，相关信息填写完整，有营业执照的，相关信息要与营业执照一致。

　　2023年××月××日，北京市水务局执法人员张××、李×（执法证件号码分别是0100001××88、0100001××89），会同北京××有限公司工作人员王××共同对其单位在"××改造项目"的相关资料及现场情况进行检查，现场进行勘验。

　　经勘验：北京××有限公司建设"××改造项目"，该项目地点位于北京市××区××路××处，建设用地包含×地块、总占地××万平方米，其中该项目×地块占地×万平方米，并命名为"××小区"，小区内有××栋住宅楼，×栋配套建筑已投产使用，均有居民入住。该小区已有物业公司入驻。其余地块未投入使用。勘验当天，该单位不能提供上述已投产使用的×地块的水土保持设施验收批复文件或报备接收回执。

　　手绘示意图、现场绘制的勘验图（画图要有方向、绘制人签字和绘制时间）

> 执法人员至少为两名，均需执法人员在签名处手写签名、不得代签、不得采用电脑打印方式。

经核对，以上情况属实（手写）

2023年××月××日

> 法定代表人或受委托人在核对勘验笔录后，在勘验笔录上手写"经核对，以上情况属实"的意思表示，并手写签署姓名、签署日期。文书空白处应做技术处理。

调查人签字	张××、李×（手写） 2023年××月××日	勘验参加人或见证人签字	王××（手写）	备注

现场勘验笔录（附页）

北京××有限公司在北京市××区××路××处（发生违法行为具体地理位置）"××改造项目"水土保持情况勘验现场，此照片为勘验当日现场情况。

照片（1）2地块现场照片

拍摄人：李×（执法人员）

拍摄地点：北京市××区××路××处

拍摄时间：2023年××月××日××时××分

照片（2）2地块现场照片

拍摄人：张××（执法人员）

拍摄地点：北京市××区××路××处

拍摄时间：2023年××月××日××时××分

> 调查对象的法定代表人或受委托人在勘验笔录及附页中对现场勘验情况进行确认，手写"经核对，以上情况属实"并以手写方式签署姓名；调查对象或现场人员拒绝签署姓名和日期的，执法人员在笔录中注明情况。

经核对，以上情况属实（手写）

2023年××月××日

调查人签字：张××、李×（手写） 勘验参加人或见证人签字：王××（手写）

询问笔录

第 1 页共 3 页

行政机关：<u>北京市水务局</u>

案由：<u>生产建设项目水土保持设施未经验收即投产使用</u>

被询问人姓名：<u>王××</u> 性别：<u>男</u> 年龄：<u>40 岁</u>

联系电话：<u>131××××6789</u>

被询问人住址：<u>北京市××区××街道×小区×楼（身份证地址）</u>

被询问人暂住地：<u>北京市××区××街道×小区×楼（目前住址）</u>

工作单位：<u>北京××有限公司</u>　　职务：<u>经理</u>

单位地址：<u>××（与营业执照一致）</u>

与当事人关系：<u>法定代表人</u>　　〔与当事人关系应根据实际情况填写法定代表人或受委托人。〕

询问时间：<u>2023 年××月××日自××时××分至××时××分</u>

询问地点：<u>××××</u>　　〔调查询问可以在当事人或者有关人员的住所地、单位或者行政机关进行。〕

询问人：<u>张××（执法人员）</u>　　证件号码：<u>0100001××88（如实填写）</u>

记录人：<u>李×（执法人员）</u>　　证件号码：<u>0100001××89（如实填写）</u>

问：<u>我们是北京市水务局的执法人员张××、李×，这是我们的执法证件，编号是 0100001××88、0100001××89，请你过目，你是否看清楚了？</u>

答：<u>看清楚了。</u>

问：<u>依据《中华人民共和国行政处罚法》的相关规定，你认为本案执法人员是否需要回避？</u>

答：<u>不需要。</u>

〔询问前告知事项：
1. 两名执法人员出示证件、表明身份的记载；
2. 告知被询问人申请执法人员回避、申述、申辩等权利和如实回答询问、配合调查等义务。〕

被询问人意见：<u>经核对，以上内容属实（手写）</u> 询问人：<u>张××（执法人员）</u>

被询问人签字：<u>王××（手写）</u>　　　　记录人：<u>李×（执法人员）</u>

<u>2023 年××月××日</u>　　　　　　　<u>2023 年××月××日</u>

询问笔录（续页）

第 2 页共 3 页

行政机关：<u>北京市水务局</u>

问：<u>我们依法就你单位在北京市××区××路××处×地块水土保持情况有关问题进行调查，你享有如实陈述事实，并配合行政机关进行调查的法律义务，也依法享有陈述、申辩的权利，你是否已清楚自己的权利和义务？</u>

答：<u>清楚了。</u>

问：<u>请介绍一下你的个人情况。</u>

答：<u>我叫王××，在我单位担任经理职务，系我单位的法定代表人，代表我单位来处理我单位在北京市××区××路××处×地块水土保持相关事宜。</u>

问：<u>请介绍一下你的个人情况。</u>

答：<u>单位名称为北京××有限公司，经营场所为××区××路××号，法定代表人（或负责人）为王××系我本人，统一社会信用代码为9111××××××。</u>

问：<u>请介绍你公司在"××区××路××处××改造项目"建设内容是什么？</u>

答：<u>略。</u>

被询问人意见：<u>经核对，以上内容属实(手写)</u> 询问人：<u>张××（执法人员）</u>

被询问人签字：<u>王××（手写）</u>　　　　记录人：<u>李×（执法人员）</u>

　　<u>2023</u>年<u>××</u>月<u>××</u>日　　　　　　　<u>2023</u>年<u>××</u>月<u>××</u>日

笔录内容确认时，两名执法人员均需要签署姓名和日期，姓名和日期均应手写。被询问人核对后，逐页签署姓名和日期，并在被询问人意见处签署"经核对，以上内容属实"的意思表示。

被询问人拒绝签字时，由执法人员在笔录中注明情况。

被询问人意见和签字及执法人员签名均需本人分别手写，不得采用电脑打印，不得代签。

询问笔录（续页）

第 3 页共 3 页

行政机关：北京市水务局

问：我们在检查过程中发现已有居民入住的情况，该项目目前进展到什么程度？

答：目前有 × 栋配套建筑已完成，并于 202× 年 ×× 月投产使用，已有居民入住。

问：已经投产使用的 × 地块，占地面积是多少？是否已经取得水行政主管部门的水影响评价报告书的批复文件？

答：（根据实际情况填写，若没有则写"无"）

问：该项目中 ×× 地块 × 栋住宅楼，× 栋配套建筑投产使用前，你单位是否组织或申请过水土保持专项验收？

答：没有组织过水土保持专项验收。

问：近期，如果我们还需要调查了解其他方面的情况，请予以配合。

答：好的，一定配合。

问：请阅笔录，如无异议，请签字确认。

答：好的。（以下空白）

被询问人意见：经核对，以上内容属实（手写） 询问人：张 ××（执法人员）

被询问人签字：王 ××　　　　　　　　记录人：李 ×（执法人员）

　　2023 年 ×× 月 ×× 日　　　　　　2023 年 ×× 月 ×× 日

责令限期改正通知书

京水务责改字〔2023〕第××号

北京××有限公司：

你单位在北京市××区××路××处的"××改造项目"中，×号地块生产建设项目水土保持设施未经验收即投产使用的行为，涉嫌违反了《中华人民共和国水土保持法》第二十七条的规定，根据《中华人民共和国水土保持法》第五十四条的规定，本行政机关依法责令你单位：于2023年××月××日前进行水土保持设施验收工作并接受复查。

北京市水务局

2023 年 ×× 月 ×× 日

（本文书一式两份，一份交当事人，一份由行政机关留存）

批注：
- 责令限期改正通知书全文禁止涂改。
- 当事人有营业执照的，名称应与营业执照记载一致。
- 执法机关在责令当事人限期改正时要考虑改正期限的合理性，充分考虑违法行为的性质、当事人实际情况等情况，以确保当事人有足够的时间消除、改正违法行为。

送达回证

送达文书名称和件数	《责令限期改正通知书》 京水务责改字〔2023〕第××号 壹件 共壹件	
送达机关	北京市水务局	
送达时间	2023年××月××日	
送达地点	北京市××区××路××号	
送 达 人	张××、李×	两名执法人员应以手写方式签署姓名。
送达方式	直接送达	根据实际情况记录送达方式。送达方式包括直接送达、留置送达、邮寄送达、委托送达、电子送达、转交送达、公告送达等。
受送达人	北京××有限公司	
收件人	王××（手写）	由法定代表人或受委托人以手写方式签署姓名和收件时间。
收件时间	2023年××月××日××时××分（手写）	
备注		送达回证涂改处、空白处应技术处理。涂改处签名并捺指印，空白处画反斜杠。

117

北京市水务局
行政处罚事先告知书

京水务罚告字〔2023〕第××号

北京××有限公司：

> 当事人有营业执照的，名称应与营业执照记载一致。

现查明你单位在<u>北京市××区××路××号的"××改造项目"中×号地块生产建设项目水土保持设施未经验收即投产使用</u>的行为，涉嫌违反《中华人民共和国水土保持法》第二十七条的规定，根据《中华人民共和国水土保持法》第五十四条的规定，我局拟对你单位给予以下处罚：<u>××万元罚款。</u>

> 行政处罚事先告知书告知的罚款数额必须具体、明确，不能仅按照法律法规规定的处罚幅度告知；否则损害当事人的知情权。

根据《中华人民共和国行政处罚法》第七条、第四十五条的规定，你单位享有陈述、申辩的权利。如你单位无进一步陈述、申辩的意见，本机关将调查终结并依法作出行政处罚决定。如你（单位）有进一步陈述、申辩意见请于五日内提出。

行政机关地址： <u>北京市××区××路××号</u>

邮政编码： <u>1000××</u>

北京市水务局

2023年××月××日

（本文书一式两份，一份交当事人，一份由行政机关留存）

送达回证

送达文书名称和件数	《行政处罚事先告知书》 京水务罚告字〔2023〕第××号 壹件 共壹件
送达机关	北京市水务局
送达时间	2023年××月××日
送达地点	北京市××区××路××号
送达人	张××、李×
送达方式	直接送达
受送达人	北京××有限公司
收件人	王××（手写）
收件时间	2023年××月××日××时××分（手写）
备注	

> 行政处罚事先告知书的送达回证名称要准确，其他注意事项与责令限期改正通知书送达回证的内容一致。

陈述、申辩笔录

第 1 页共 1 页

案由：生产建设项目水土保持设施未经验收即投产使用

当事人：北京 XX 有限公司

时间：2023 年 ×× 月 ×× 日 ×× 时 ×× 分至 ×× 时 ×× 分

地点：×× 办公室

承办人：张 ××、李 ×　　　**记录人**：李 ×

陈述、申辩记录：

问：你单位在北京市 ×× 区 ×× 路 ×× 处的"×× 改造项目"中，× 号地块生产建设项目水土保持设施未经验收即投产使用一事，北京市水务局执法人员于 2023 年 ×× 月 ×× 日对你单位送达《行政处罚事先告知书》（京水务罚告字〔2023〕第 ×× 号）拟对你单位作出处以罚款 ×× 万元（大写）整的行政处罚，你有什么要陈述、申辩的吗？

答：贵单位执法人员对本案的调查取证工作客观、公正，认定事实清楚，证据确实充分，执法程序规范，适用法律正确，我对此无异议。希望贵单位能考虑到我单位积极配合执法调查工作，及时整改，予以从轻处理，谢谢！

问：你还有什么要补充的吗？

答：没有了。

问：我们会根据本案情况依法、公正地作出行政决定。请阅笔录，如无异议，请签字。

答：好的。（以下空白）

陈述、申辩人意见：经核实，以上情况属实（手写）

承办人：张 ××、李 ×（手写）

陈述、申辩人签字：王 ××（手写）　　　　**记录人**：李 ×（手写）

　2023 年 ×× 月 ×× 日　　　　　　　　　　2023 年 ×× 月 ×× 日

旁注：
- 陈述、申辩内容为举例示范内容，具体案件中根据当事人的陈述、申辩如实记录，执法人员应对陈述、申辩内容进行复核。
- 当事人对陈述、申辩意见、签署姓名、日期均需手写；两名以上执法人员分别手写签名和日期。不得代签、不得使用电脑打印。

听证告知书

京水务听告字〔2023〕第××号

北京××有限公司：

  你单位 2023 年 ×× 月 ×× 日在北京市 ×× 区 ×× 路 ×× 处的"×× 改造项目"中，其中 × 号地块生产建设项目水土保持设施未经验收即投产使用的行为，涉嫌违反了《中华人民共和国水土保持法》第二十七条的规定。有询问笔录、现场勘验笔录等证据材料为证。依据《中华人民共和国水土保持法》第五十四条的规定，现本行政机关拟给予你单位 ×× 万元罚款的行政处罚。依照《中华人民共和国行政处罚法》第六十三条和《北京市行政处罚听证程序实施办法》的规定，你单位有要求听证的权利。如果要求举行听证，请在送达回证中签注要求，或者在 2023 年 ×× 月 ×× 日前将书面要求交至本机关。逾期视为放弃要求听证的权利。

本行政机关地址：北京市 ×× 区 ×× 路 × 号
联系部门：北京市水务局法制处
联系电话：010-65×××××   **邮政编码**：1000××

北京市水务局

2023 年 ×× 月 ×× 日

（本文书一式两份，一份交当事人，一份由行政机关留存）

送达回证

> 相应注意事项前文已有，见责令限期改正通知书的送达回证注意事项。

送达文书名称和件数	《听证告知书》 京水务听告字〔2023〕第××号 壹件 共壹件
送达机关	北京市水务局
送达时间	2023年××月××日
送达地点	北京市××区××路××号
送达人	张××、李×
送达方式	直接送达
受送达人	北京××有限公司
收件人	王××（手写）
收件时间	2023年××月××日××时××分（手写）
备注	

听证通知书

京水务听通字〔2023〕第××号

北京XX有限公司：

　　根据你单位提出的听证要求，本机关决定于2023年××月××日××时××分在北京市××区××路×号对在北京市××区××路××号的"××改造项目"×号地块生产建设项目水土保持设施未经验收即投产使用案公开举行听证，请准时参加。

> 听证通知书全文禁止涂改。

> 行政机关在听证举行七日前通知当事人听证有关事项，包括听证时间、地点、方式、主持人信息、当事人权利等。

注意事项：

　　1. 申请延期的，应当在举行听证日前，向本行政机关书面提出，由本行政机关决定是否延期。

　　2. 未按时参加听证并且事先未说明理由的，视为放弃听证权利。

　　3. 申请人可以委托1—2名代理人参加听证，并在举行听证前，向本行政机关法制处提交委托书、法定代表人身份证明及有关证明。

　　4. 本案听证主持人为刘××。根据《中华人民共和国行政处罚法》第六十四条的规定，如果你（你单位）申请主持人回避，可在举行听证之日前向本行政机关书面提出回避申请并说明理由，由本行政机关作出决定。

本行政机关地址： 北京市××区××路×号

邮政编码： 1000××

北京市水务局

2023年××月××日

（本文书一式两份，一份交当事人，一份由行政机关留存）

现场复查记录

> 执法人员应及时按照责令限期改正通知书的内容对现场复查并制作现场复查记录。当事人对现场复查笔录进行核对，核对后可对错误记录之处进行修改，修改后由当事人签名并捺指印；核对无误后手写"经核对，以上情况属实"。

案 由	生产建设项目水土保持设施未经验收即投产使用
当事人	北京××有限公司
复查时间	2023年××月××日××时××分至××时××分
复查地点	北京市××区××路××号
复查情况	2023年××月××日，北京市水务局执法人员张××、李×（执法证件号码分别是0100001××88、0100001××89）会同北京××有限公司工作人员王××共同对其单位在"××改造项目"×号地块生产建设项目水土保持设施未经验收即投产使用整改情况进行现场复查。 　　经查，当事人已按照《责令限期改正通知书》（京水务责改字〔2023〕第××号）的要求进行改正，于2023年××月××日对×号地块生产建设项目进行水土保持设施验收工作，并提供《北京市生产建设项目水土保持设施验收鉴定书》。 复查人：张××、李×（执法人员手写签字） 　　　　　　　　　　　　2023年××月××日
当事人意见	经核对，以上情况属实（手写） 签名：王××（手写）　2023年××月××日
备注	

现场复查记录（附页）

　　北京××有限公司工作人员王××共同对其单位在"××改造项目"×号地块生产建设项目水土保持设施未经验收即投产使用，此照片为复查当日现场情况。

照片（1）为××

拍摄人：张××（执法人员）

拍摄地点：北京市××区××路××号

拍摄时间：2023年××月××日××时××分

照片（2）为××

拍摄人：张××（执法人员）

拍摄地点：北京市××区××路××号

拍摄时间：2023年××月××日××时××分

《验收鉴定书》图片

　　　　　　　　　经核对，以上情况属实　王××（手写）

　　　　　　　　　　　　2023年××月××日

调查人签字：张××、李×（手写）　勘验参加人或见证人签字：王××（手写）

> 复查结果应当附佐证材料，如现场复查照片、验收鉴定材料图片等。当事人和执法人员在现场复查记录上手写姓名和日期。当事人核对无误后手写"经核对，以上情况属实"。

听证笔录

第 1 页共 2 页

行政机关： 北京市水务局

案由： 北京××有限公司生产建设项目水土保持设施未经验收即投产使用

起止时间： 2023年××月××日××时××分至××时××分

地点： 北京市××区××路×号×会议室

主持人： 刘××   **记录人：** 张××

参加人： 王××（当事人北京××有限公司代理人）

案件调查人： 张××、李×

记录人： 首先，宣布听证会纪律和案件当事人在听证中的权利和义务。

主持人： 本案听证会由刘××担任主持人，由张××担任记录人，现告知当事人在听证会上有以下权利并遵守以下义务：根据《中华人民共和国行政处罚法》《北京市行政处罚听证程序实施办法》等规定，（1）有权对案件涉及的事实、适用法律及有关情况进行陈述和申辩；（2）有权对案件调查人员提出的证据进行质证并提出新的证据；（3）如实陈述案件事实和回答主持人的提问；（4）遵守听证会场纪律、服从听证主持人指挥。

主持人： 现核实听证参加人的身份。（核实身份过程略）当事人是否申请主持人和记录人回避？

当事人： 不申请。

主持人： 听证开始，下面由案件调查人提出当事人违法事实、证据、处罚依据及处罚建议。

案件调查人： 略。

经核对，以上内容属实，王××（手写）

主持人： 刘××（手写）   **记录人：** 张××（手写）

案件调查人： 张××、李×（手写）   2023年××月××日

侧栏批注：

1. 听证笔录记录要素应包括：
（1）听证记录人宣布听证会场纪律、当事人的权利与义务。听证主持人介绍主持人和记录人，询问核实听证参加人的身份，宣布听证开始。
（2）案件调查人员提出当事人违法的事实、证据、处罚依据以及行政处罚建议。
（3）当事人就案件的事实进行陈述和申辩，提出有关证据，对调查人员提出的证据进行质证。
（4）听取当事人最后陈述。
（5）主持人宣布听证结束。
听证笔录交当事人审核无误后以签字、盖章等方式确认。当事人拒绝的，由听证主持人在笔录中注明。
2. 听证主持人在听证中有权对参加人不当的辩论内容予以制止，维护正常的听证秩序。

当事人是否申请主持人回避根据实际情况填写。当事人认为听证主持人与本案有直接利害关系，有权在听证前向行政机关提出回避申请；是否回避由行政机关负责人决定。

所有参与听证会的人员均需手写签名并签署日期，当事人还需要在核对笔录后手写"经核对，以上内容属实"的意思表示，核对笔录过程中对于记录错误之处可进行修改，在涂改处签名并捺指印。

听证笔录（续页）

第 2 页共 2 页

主持人：请当事人进行陈述和申辩，是否有证据提交？

参加人：我单位已就 × 号地块开展验收，目前已验收通过。我单位交付前未进行自主验收的行为显著轻微，该项目未造成水土流失，未造成任何不良后果，拟处罚金额较高。希望对我单位不予处罚。

主持人：请当事人北京 ×× 有限公司作最后陈述。

参加人：略。

主持人：当事人是否还有补充？

参加人：没有了。

主持人：听证结束。核对笔录、签字。（以下空白）

经核对，以上内容属实　王 ××（手写）

主持人：刘 ××（手写）　　　　　　记录人：张 ××（手写）
案件调查人：张 ××、李 ×（手写）　　2023 年 ×× 月 ×× 日

听证报告

京水法听报字〔2023〕第 ×× 号

第 1 页共 2 页

案由： 北京 ×× 有限公司生产建设项目水土保持设施未经验收即投产使用

主持人： 刘 ××   **记录人：** 张 ××

听证参加人： 王 ××（当事人北京 ×× 有限公司代理人）、张 ××（案件调查人）、李 ×（案件调查人）

听证时间： 2023 年 ×× 月 ×× 日 9 时 ×× 分至 10 时 ×× 分

听证地点： 北京市 ×× 区 ×× 路 ×× 会议室

案件调查人介绍的案件事实及证据：

  2023 年 ×× 月 ×× 日，北京市水务综合执法总队接其他单位移送线索。经执法人员张 ××、李 × 调查发现，当事人在北京市 ×× 区 ×× 路 ×× 号的"× 改造项目"中，其中 × 号地块生产建设项目水土保持设施未经验收即投产使用。此行为违反了《中华人民共和国水土保持法》第二十七条之规定，属违法行为。2023 年 ×× 月 ×× 日立案后，执法人员进行了现场拍照取证，收集了相关证据材料，制作了现场勘验笔录和询问笔录。当事人对违法事实认定无异议。2023 年 ×× 月 ×× 日，执法人员向当事人送达了《责令限期改正通知书》（京水务责改字〔2023〕第 ×× 号）。北京市水务综合执法总队根据《中华人民共和国水土保持法》第五十四条之规定拟对当事人作出罚款 ×× 万元的处罚决定。2023 年 ×× 月 ×× 日，执法人员张 ××、李 × 向当事人送达了《行政处罚事先告知书》（京水务罚告字〔2023〕第 ×× 号），并听取了当事人的陈述和申辩，制作了陈述、申辩笔录。2023 年 ×× 月 ×× 日，执法人员张 ××、李 × 向当事人送达了《听证告知书》（京水务听告字〔2023〕第 ×× 号）。2023 年 ×× 月 ×× 日，执法人员张 ××、李 × 会同北京 ×× 有限公司受委托人王 ×× 共同进行复查，当事人已按照《责令限期改正通知书》（京水务责改字〔2023〕第 ×× 号）的要求进行了改正，于当日对 × 号地块生产建设项目进行水土保持设施自主验收和报备。2023 年 ×× 月 ×× 日，当事人向执法人员提交

---

1. 听证报告的完整内容应包括以下信息：
（1）举行听证的时间、地点和参加人情况；
（2）执法人员查明的案件情况，以及拟作出的行政处罚内容和依据等；
（3）当事人对行政机关认定的违法事实、情节、适用法律依据等情况的陈述、申辩，以及从轻、减轻或者不予行政处罚的要求；
（4）听证主持人的意见或建议；
（5）听证主持人签署姓名和日期。
2. 听证报告禁止涂改。

听证报告（续页）

第 2 页共 2 页

了听证申请书，申请听证。2023 年 ×× 月 ×× 日执法人员向当事人送达《听证通知书》（京水务听通字〔2023〕第 ×× 号）。

当事人表示：

我单位已就 × 号地块开展验收，目前已验收通过。我单位交付前未进行自主验收的行为显著轻微，该项目未造成水土流失，未造成任何不良后果，拟处罚金额较高。希望对我单位不予处罚。听证会上，当事人提交了陈述、申辩意见。

> "当事人表示"部分根据当事人、代理人陈述、申辩的内容如实记录；同时，还要记录当事人关于从轻、减轻或者不予行政处罚的要求。

经本次听证，确认以下事实：

1. 当事人北京 ×× 有限公司在北京市 ×× 区 ×× 路 ×× 号的 "×× 改造项目" 中，其中 × 号地块生产建设项目水土保持设施未经验收即投产使用，已有居民入住，其占地面积为 × 万平方米。

2. 当事人按照《责令限期改正通知书》（京水务责改字〔2023〕第 ×× 号）的要求，于 2023 年 ×× 月 ×× 日对 × 号地块（回迁房）生产建设项目进行水土保持设施自主验收，结论为符合水土保持设施验收的条件，同意其通过验收，2023 年 ×× 月 ×× 日当事人将验收情况向市水务局报备。

3. 涉案地块水土保持设施未经验收即投产使用，主要原因在于当事人对相关政策缺乏了解，亦未与水务部门提前沟通，误认为水土保持设施验收须以项目具备竣工验收条件为前提，导致没有依法在投入使用前完成水土保持设施自主验收及报备。

主持人意见：

我认为本案违法事实清楚、证据确凿充分、适用法律正确。建议根据《中华人民共和国行政处罚法》《中华人民共和国水土保持法》《北京市水行政处罚裁量基准》《北京市常用水行政处罚裁量基准表》等相关规定，结合当事人涉案项目背景和整改情况，提交集体讨论研究决定。

主持人签名：刘 ××（手写）　　日期：2023 年 ×× 月 ×× 日

北京市水务局
行政处罚决定书

京水务罚字〔2023〕第××号

当事人：<u>北京××有限公司（与营业执照一致）</u>
统一社会信用代码：<u>与营业执照一致</u>
住所：<u>与营业执照一致</u>
法定代表人：<u>王××</u>　　　联系电话：_____

　　经查实，2023年××月起，你单位在北京市××区××路××号的"××改造项目"中，×号地块生产建设项目水土保持设施未经验收即投产使用。该行为违反了《中华人民共和国水土保持法》第二十七条之规定，属于违法行为。

　　2023年××月××日，执法队员向你单位送达了责令限期改正通知书；××月××日，经复查，你单位已按要求进行了改正。2023年××月××日，执法队员向你单位送达了行政处罚事先告知书，并听取了你单位的陈述、申辩；2023年××月××日，执法队员向你单位送达了听证告知书；2023年××月××日执法人员向当事人送达听证通知书；2023年××月××日依法公开进行了听证。以上事实有现场勘验笔录、询问笔录、现场复查记录等材料为证。

制作行政处罚决定书的注意事项：
1. 行政处罚决定书需加盖行政机关公章；
2. 行政处罚决定书引用法律法规依据应当使用规范全称并具体到条、款、项、目；
3. 行政处罚决定书告知复议机关、诉讼法院名称应当使用单位的规范全称；
4. 行政处罚决定书禁止涂改。

鉴于你单位积极改正，具有从轻处罚情节，现本行政机关依据《中华人民共和国水土保持法》第五十四条的规定，对你单位作出处以罚款××万元整的行政处罚。

自接到本处罚决定书之日起十五日内到银行缴纳罚款，逾期不缴纳罚款的，每日将按处罚数额的 3% 加处罚款。如确有经济困难，需要延期或者分期缴纳罚款的，可在收到缴款书后十五日内提出书面申请。

如不服本处罚决定，可于接到本《行政处罚决定书》之日起六十日内到北京市人民政府或中华人民共和国水利部申请行政复议，或在六个月内直接向北京市××区人民法院起诉。复议、诉讼期间本处罚决定不停止执行，逾期不申请复议，不起诉又不履行本处罚决定的，本行政机关将申请人民法院强制执行。

北京市水务局

2023 年 ×× 月 ×× 日

（本文书一式两份，一份交当事人，一份由行政机关留存）

本案例作出行政处罚时间为 2023 年，当事人若不服处罚决定，可向北京市人民政府或中华人民共和国水利部申请行政复议。2024 年 1 月 1 日起实施的《中华人民共和国行政复议法》明确县级以上地方各级人民政府统一行使行政复议职责，除海关、金融、外汇管理等实行垂直领导的行政机关、税务和国家安全机关，保留行政复议职责；原则上取消地方各级人民政府工作部门的行政复议职责。因此，根据 2024 年 1 月 1 日起实施的《中华人民共和国行政复议法》规定，当事人如不服处罚决定可向北京市人民政府申请行政复议，或在六个月内直接向有管辖权的人民法院起诉。

水行政处罚案卷评查常见问题及分析

立案呈批表

京水务立字〔2023〕第××号

案由	在××水库库区内使用以汽油为动力的游船		
发案地点	北京市××区×村××水库库区	发案时间	2023年××月××日
当事人	张三		
联系地址	北京市××区×街道×小区××号楼		
案情摘要	2023年××月××日，北京市水务综合执法总队×分队执法队员李×、王×在检查中发现，张三疑似在××水库库区内使用以汽油为动力的游船下水进行游玩。		
报告人	姓名	李×、王×	报案时间	2023年××月××日
	工作单位	北京市水务综合执法总队	来源	现场检查
承办人意见	其行为涉嫌违反了《北京市河湖保护管理条例》第三十一条第一款之规定，建议立案调查。 签名：李×、王×　　2023年××月××日		
承办部门意见	拟同意承办人意见，建议立案。 签名：××　　2023年××月××日		
行政机关负责人意见	同意（手写） 签名：××　　2023年××月××日		
备注			

注释：
- "案由"的表述应尽量与权力清单（行政处罚）的表述保持一致。
- 案件发生的具体地点应以地理地点为准。
- 当事人的姓名、联系地址应与身份证信息一致。
- 立案呈批表属于立案阶段的文书，案情摘要是执法人员对已掌握的涉嫌违法案件的时间、地点、当事人、事实经过的简要描述。因此时尚处于立案阶段，不得对当事人的行为先行定性为违法，建议在违法行为前用"疑似""涉嫌"等来表述。
- 报告人的工作单位，若案件来源为接到举报的，填写管理单位；若是执法人员在检查中发现的，填写"北京市水务综合执法总队"。
- 案件来源主要包括以下几种方式：现场检查、投诉、举报、媒体曝光、上级机关交办、其他机关移送。来源应根据实际情况填写，与案情摘要表述一致。

证据先行登记保存通知书

京水务证存字〔2023〕第 × 号

张三：

因证据可能灭失（以后难以取得），根据《中华人民共和国行政处罚法》第五十六条规定，本机关决定将你（单位）下列物品作为证据进行登记保存：

先行登记保存时间：<u>2023 年 ×× 月 ×× 日 ×× 时 ×× 分</u>
保存期限：<u>七日</u>　保存方式：<u>异地保存</u>
保存地点：<u>北京市 ×× 区 ×× 院内</u>

> 1.办案人员在开具清单时对保存物品的规格、型号、材质等信息应详细记录，避免产生混淆；
> 2.空白处应做技术处理。

先行登记保存物品清单如下：

物品名称	规格	材质	数量	备注
摩托艇	× 牌 × 型号		1 台	

请你（单位）于 7 日内到<u>北京市 ×× 区 × 路 ×× 号</u>接受处理。逾期未接受处理的，对先行登记保存物品按照相关规定处理。

当事人意见：<u>经核对，以上情况属实　张三（手写）</u>

2023 年 ×× 月 ×× 日

> 当事人意见处应由当事人手写"经核对，以上情况属实"的意思表示，并手写签署姓名、签署日期。

执法人员：<u>李 ×</u>　　　　执法证件号码：<u>0100001××89</u>
执法人员：<u>王 ×</u>　　　　执法证件号码：<u>0100001××90</u>

北京市水务局
2023 年 ×× 月 ×× 日

> 落款处应加盖公章，文书交当事人一份。

（本决定书一式两份，一份交当事人，一份由行政机关留存）

先行登记保存物品处理决定书

京水务物处字〔2023〕第 ×× 号

<u>张三</u>：

根据《中华人民共和国行政处罚法》第五十六条规定，本机关现就<u>京水务证存字〔2023〕第 × 号《证据先行登记保存通知书》</u>载明的物品，作出如下处理决定：<u>退还当事人张三。</u>

先行登记保存物品处理清单：

> 先行登记保存物品处理清单应与《证据先行登记保存通知书》载明的物品清单信息一致

物品名称	规格	材质	数量	备注
摩托艇	×牌×型号		1台	

> 当事人手写当事人意见并签署姓名和日期。

当事人意见： 摩托艇完好，已领取回　张三（手写）

2023 年 ×× 月 ×× 日

执法人员：<u>李 ×</u>　　　　执法证件号码：0100001××89
执法人员：<u>王 ×</u>　　　　执法证件号码：0100001××90

北京市水务局
2023 年 ×× 月 ×× 日

（本决定书一式两份，一份交当事人，一份由行政机关留存）

现场勘验笔录

勘验时间	2023年××月××日××时××分至××时××分
地址、位置	北京市××区××水库库区内
勘验内容	对张三在××水库库区内使用以汽油为动力的游船情况进行勘验
勘验方式	照相、GPS卫星定位

勘验笔录：

  被检查人：张三，身份证号110×××××××××××××

  被检查人住址：北京市××区×街道×小区××号楼

2023年××月××日，北京市水务综合执法总队×分队执法队员李×、王×会同张三共同对其在北京市××水库库区内驾驶以汽油为动力的游船下水进行游玩的情况进行现场勘验。

经勘验，张三在北京市××水库库区水面上驾驶一台×牌×型号的摩托艇游玩，该摩托艇使用汽油为动力。

手绘示意图	↑北		绘图人：李×
	2023年××月××日××时××分		

经核对，以上情况属实　　张三（手写）　　2023年××月××日

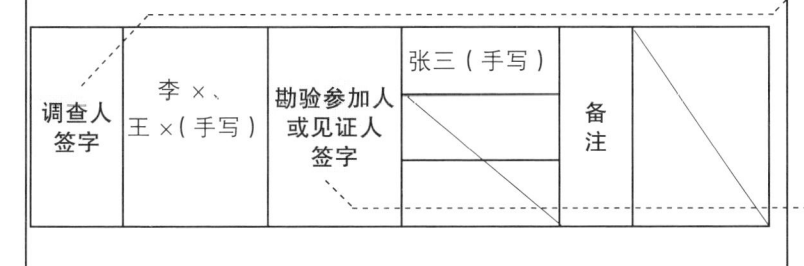

调查人签字	李×、王×（手写）	勘验参加人或见证人签字	张三（手写）	备注

批注：
- "地址、位置"填写发生违法行为的具体地理位置。
- "勘验方式"根据实际勘验方式如实填写，若现场勘验时使用多种方式应记录准确。
- 被检查人的姓名、身份证号码、住址以身份证信息为准，如果住址与身份证信息不一致，可增加实际住址信息。
- 手绘示意图画图要有方向、绘制人签字和绘制时间。
- 当事人手写"经核对，以上情况属实"，并手写签名、签署日期。
- 执法人员至少为两名，均需执法人员在签名处手写签名，不得代签、不得采用电脑打印方式。
- 当事人（参加人）或见证人在核对勘验笔录后，在勘验笔录上手写"经核对，以上情况属实"的意思表示，并手写签名、签署日期。文书空白处应做技术处理。

现场勘验笔录（附页）

> 照片（1）张三在××水库库区内使用以汽油为动力的游船现场照片
>
> 拍摄人：李×（执法人员）
>
> 拍摄地点：北京市××区××水库库区内
>
> 拍摄时间：2023年××月××日××时××分
>
> 照片（2）张三在××水库库区内使用以汽油为动力的游船GPS定位及照片
>
> 拍摄人：李×（执法人员）
>
> 拍摄地点：北京市××区××水库库区内

拍摄时间：2023年××月××日××时××分

> 调查对象在勘验笔录及附页中对现场勘验情况进行确认时，应手写"经核对，以上情况属实"；调查对象或现场人员拒绝在勘验笔录上签名的，执法人员在笔录中注明情况。

> 调查人、勘验参加人或见证人均需手写签名。

经核对，以上情况属实　张三（手写）

2023年××月××日

调查人签字：李×、王×（手写）　勘验参加人或见证人签字：张三（手写）

询问笔录

第 1 页共 3 页

行政机关：北京市水务局

案由：在××水库库区内使用以柴油、汽油为动力的游船

被询问人姓名：张三 性别：男 年龄：××岁 联系电话：131×××1234

被询问人住址：北京市××区×街道×小区××号楼

> 被询问人住址的信息应与身份证信息一致。

被询问人暂住地：北京市××区××街道×小区×号楼

工作单位：北京××有限公司　　职务：职员

单位地址：无

与当事人关系：本人

询问时间：2023年××月××日自××时××分至××时××分

询问地点：北京市水务综合执法总队×分队办公室

询问人：李×（执法人员）　证件号码：0100001××89

记录人：王×（执法人员）　证件号码：0100001××90（如实填写）

问：我们是北京市水务局的执法人员李×、王×，这是我们的执法证件，编号是0100001××89、0100001××90，请你过目，你是否看清楚了？

答：看清楚了。

问：依据《中华人民共和国行政处罚法》的相关规定，你认为本案执法人员是否需要回避？

答：不需要。

被询问人意见：经核对，以上内容属实（手写）询问人：王×（手写）

被询问人签字：张三（手写）　　　　　　记录人：李×（手写）

2023年××月××日　　　　　　　　　　2023年××月××日

询问笔录（续页）

第 2 页共 3 页

行政机关：<u>北京市水务局</u>

问：<u>我们依法就你在××水库库区内时使用以柴油、汽油为动力的游船有关问题进行调查，你享有如实陈述事实，并配合行政机关进行调查的法律义务，也依法享有陈述、申辩的权利，你是否已清楚自己的权利和义务？</u>

答：<u>清楚了。</u>

问：<u>请介绍一下你的个人情况。</u>

答：<u>我叫张三，……今天来处理我在××水库库区内驾驶摩托艇一事。</u>

问：<u>2023年××月××日你是否到××水库库区内进行游玩？</u>

答：<u>是的，我在××水库库区内驾驶摩托艇游玩。</u>

问：<u>你是何时进入水库，驾驶摩托艇下水的？</u>

答：<u>略。</u>

问：<u>你驾驶的摩托艇是什么品牌、什么型号？具体外形如何？使用何种燃料？</u>

答：<u>品牌是××，型号为×，颜色为××，长度××米，使用燃料为汽油。</u>

问：<u>你驾驶摩托艇的动力装置是什么？</u>

答：<u>汽油机，使用的是××号汽油。</u>

被询问人意见：<u>经核对，以上内容属实（手写）</u>　**询问人**：<u>王×（执法人员）</u>

被询问人签字：<u>张三（手写）</u>　　　　　　　　　**记录人**：<u>李×（执法人员）</u>

<u>2023</u>年<u>××</u>月<u>××</u>日　　　　　　　　　　　　<u>2023</u>年<u>××</u>月<u>××</u>日

侧栏批注：

询问前告知事项：
1. 两名执法人员出示证件、表明身份的记载；
2. 告知被询问人申请执法人员回避、申述、申辩等权利和如实回答询问、配合调查等义务。

笔录内容确认时，两名执法人员均需要手写签名和日期。被询问人核对后，逐页手写签名和日期，并在被询问人意见处签署"经核对，以上内容属实"的意思表示。

被询问人拒绝签字时，由执法人员在笔录中注明情况。

被询问人意见和签字及执法人员签名均需本人分别手写，不得代签、不得采用电脑打印。

询问笔录（续页）

第 3 页共 3 页

行政机关：<u>北京市水务局</u>

问：<u>你在 ×× 水库库区内驾驶摩托艇是否得到相关部门的许可？</u>

答：<u>（根据实际情况填写，没有写无）</u>

问：<u>你知道在 ×× 水库库区内不得使用以柴油、汽油为动力的游船吗？</u>

答：<u>（根据实际情况填写）</u>

问：<u>你在 ×× 水库库区内是否提供了摩托艇游玩等旅游项目或其他活动？</u>

答：<u>（根据实际情况填写）</u>

问：<u>你在 ×× 水库库区内驾驶过几次摩托艇？</u>

答：<u>（根据实际情况填写）</u>

问：<u>你还有什么要补充的吗？</u>

答：<u>（根据实际情况填写）</u>

问：<u>请阅笔录，如无异议，请签字确认。</u>

答：<u>好的。（以下空白）</u>

> 空白处做技术处理，文书结尾空白处注明"以下空白"或者另起一行画反斜杠。

被询问人意见：<u>经核对，以上内容属实（手写）</u> 询问人：<u>王×（执法人员）</u>

被询问人签字：<u>张三</u>　　　　　　　　记录人：<u>李×（执法人员）</u>

　<u>2023</u> 年 <u>××</u> 月 <u>××</u> 日　　　　<u>2023</u> 年 <u>××</u> 月 <u>××</u> 日

责令限期改正通知书

京水务责改字〔2023〕第×××号

张三：

你/你单位在北京市××区××水库库区内使用以汽油为动力的游船的行为，违反了《北京市河湖保护管理条例》第三十一条第一款的规定，根据《北京市河湖保护管理条例》第四十四条第一款的规定，本行政机关依法责令你/你单位：<u>立即停止违法行为</u>并接受复查。

> 责令限期改正通知书禁止涂改。

> 责任限期改正通知书责令当事人立即改正违法行为并现场复核的，可以不制发责令改正文书，在调查笔录中对责令改正和复核情况予以记载。

北京市水务局

2023年××月××日

（本文书一式两份，一份交当事人，一份由行政机关留存）

送达回证

送达文书 名称和件数	《责令限期改正通知书》 京水务责改字〔2023〕第×××号 壹件 共壹件
送达机关	北京市水务局
送达时间	2023年××月××日
送达地点	北京市××区××路××号
送达人	王×、李×（手写）
送达方式	直接送达
受送达人	张三
收件人	张三（手写）
收件时间	2023年××月××日××时××分（手写）
备注	

旁注：
- 送达回证涂改处、空白处应技术处理，涂改处签字并捺指印，空白处画反斜杠。
- 送达人处两名执法人员手写签名。
- 根据实际情况记录送达方式。送达方式包括直接送达、留置送达、邮寄送达、委托送达、电子送达、转交送达、公告送达等。
- 收件人处由符合条件的收件人手写签署姓名确认。
- 收件时间由当事人手写。

行政处罚事先告知书

京水务罚告字〔2023〕第××号

> 行政处罚事先告知书禁止涂改。

张三：

　　你/你单位在北京市××区××水库库区内使用以汽油为动力的游船的行为，涉嫌违反了《北京市河湖保护管理条例》第三十一条第一款的规定，根据《北京市河湖保护管理条例》第四十四条第一款的规定，我局拟对你/你单位给予以下处罚：<u>处×万元罚款。</u>

> 行政处罚事先告知书中告知的罚款数额必须具体、明确，不能仅按照法律法规规定的处罚幅度告知；否则损害当事人的知情权。

　　根据《中华人民共和国行政处罚法》第七条、第四十五条的规定，你/你单位享有陈述、申辩的权利。如你/你单位无进一步陈述、申辩的意见，本机关将调查终结并依法作出行政处罚决定。如你/你单位有进一步陈述、申辩意见，请于<u>五</u>日内提出。

行政机关地址：<u>北京市××区××路×号</u>

> 行政处罚事先告知书的尾部应提供水行政机关的联系方式、落款名称，加盖印章和确定文书制发日期。

北京市水务局

2023年××月××日

（本文书一式两份，一份交当事人，一份由行政机关留存）

送达回证

> 送达回证涂改处、空白处应技术处理，涂改处签字并捺指印，空白处画反斜杠。

送达文书名称和件数	《行政处罚事先告知书》 京水务罚告字〔2023〕第 ×× 号 壹件 共壹件
送达机关	北京市水务局
送达时间	2023 年 ×× 月 ×× 日
送达地点	北京市 ×× 区 ×× 路 ×× 号
送达人	王 ×、李 ×（手写）
送达方式	直接送达
受送达人	张三
收件人	张三（手写）
收件时间	2023 年 ×× 月 ×× 日 ×× 时 ×× 分（手写）
备注	

注释：
- 送达方式为直接送达时，不要求在违法行为的现场或者某个特定的现场送达，而是要求送达人员与受送达人"面对面"，此处真实记录送达地点即可。
- 送达人处由两名执法人员手写签名。
- 根据实际情况记录送达方式，包括直接送达、留置送达、邮寄送达、委托送达、电子送达、转交送达、公告送达等。
- 收件人处由符合条件的收件人手写签署姓名确认。
- 收件时间由当事人手写。

陈述、申辩笔录

第 1 页共 1 页

案由： 在××水库库区内使用以汽油为动力的游船

> 案由应与立案呈批表一致。

当事人： 张三

时间： 2023 年××月××日××时××分至××时××分

地点： ××办公室

> 地点填写当事人进行陈述、申辩的地理地点。

承办人： 李×、王×（两名执法队员）　　**记录人：** 李×（执法队员）

陈述、申辩记录：

问：2023 年你在××水库库区内时使用以柴油、汽油为动力的游船，我们对你送达了《行政处罚事先告知书》（京水务罚告字〔2023〕第××号）有什么要陈述、申辩的吗？

> 根据当事人陈述、申辩内容如实记录，如果当事人对处罚意见有异议的，也应如实记录。

答：略。

问：你还有什么要补充的吗？

答：没有了。

问：请阅笔录，如无异议，请签字。

答：好的。（以下空白）

陈述、申辩人意见： 经核对，以上情况属实（手写）　**询问人：** 王×（手写）

陈述、申辩人签字： 张三（手写）　　　　　　　　　**记录人：** 李×（手写）

> 当事人在签署陈述、申辩意见，签名、签署日期时均需手写；两名以上执法人员分别手写签名和日期。不得代签、不得使用电脑打印。

2023 年××月××日　　　　　　　　　　　　　　　2023 年××月××日

听证告知书

京水务听告字〔2023〕第 × 号

> 听证告知书禁止涂改。

张三：

你/你单位2023年××月××日在北京市××区××水库库区内使用以汽油为动力的游船的行为，涉嫌违反了《北京市河湖保护管理条例》第三十一条第一款的规定。有现场勘验笔录、询问笔录等证据材料为证。依据《北京市河湖保护管理条例》第四十四条第一款之规定，现本行政机关拟给予你/你单位处×万元罚款的行政处罚。依照《中华人民共和国行政处罚法》第六十三条和《北京市行政处罚听证程序实施办法》的规定，你/你单位有要求听证的权利。如果要求举行听证，请在送达回证中签注要求，或者在2023年××月××日前将书面要求交至本机关。逾期视为放弃要求听证的权利。

本行政机关地址：北京市××区××路×号

联系部门：北京市水务局法制处

联系电话：010-××××××××　**邮政编码**：1000××

> 听证告知书的尾部应提供水行政机关的联系方式、落款名称，加盖印章和确定文书制发日期。

北京市水务局
2023年××月××日

（本文书一式两份，一份交当事人，一份由行政机关留存）

送达回证

送达文书 名称和件数	《听证告知书》 京水务听告字〔2023〕第 × 号 壹件 共壹件
送达机关	北京市水务局
送达时间	2023 年 ×× 月 ×× 日
送达地点	北京市 ×× 区 ×× 路 ×× 号
送达人	王 ×、李 ×
送达方式	直接送达
受送达人	张三
收件人	张三（手写）
收件时间	2023 年 ×× 月 ×× 日 ×× 时 ×× 分（手写）
备注	本人要求听证

注释：
- 送达回证涂改处、空白处应技术处理，涂改处签字并捺指印，空白处画反斜杠。
- 根据实际情况记录送达方式，包括直接送达、留置送达、邮寄送达、委托送达、电子送达、转交送达、公告送达等。
- 收件人和收件时间由当事人手写。
- 当事人要求听证可在送达回证上注明，也可在规定时间内提交书面材料。

听证通知书

京水务听通字〔2023〕第 ×× 号

张三：

根据你单位提出的听证要求，本机关决定于 2023 年 ×× 月 ×× 日 ×× 时 ×× 分在北京市 ×× 区 ×× 路 × 号 × 会议室对在北京市 ×× 区 ×× 水库库区内使用以汽油为动力的游船案公开举行听证，请准时参加。

注意事项：

1. 申请延期的，应当在举行听证日前，向本行政机关书面提出，由本行政机关决定是否延期。

2. 未按时参加听证并且事先未说明理由的，视为放弃听证权利。

3. 申请人可以委托 1—2 名代理人参加听证，并在举行听证前，向本行政机关法制处提交委托书、法定代表人身份证明及有关证明。

4. 本案听证主持人为孙 ××。根据《中华人民共和国行政处罚法》第六十四条的规定，如果你（你单位）申请主持人回避，可在举行听证之日前向本行政机关书面提出回避申请并说明理由，由本行政机关作出决定。

本行政机关地址：北京市 ×× 区 ×× 路 × 号
邮政编码：1000××

北京市水务局

2023 年 ×× 月 ×× 日

（本文书一式两份，一份交当事人，一份由行政机关留存）

备注：
1. 听证通知书全文禁止涂改。
2. 行政机关在听证举行七日前通知当事人听证有关事项，包括听证时间、地点、方式、主持人信息、当事人权利等。

送达回证

> 送达回证涂改处、空白处应技术处理,涂改处签字并捺指印,空白处画反斜杠。

送达文书名称和件数	《听证通知书》 京水务听通字〔2023〕第××号 壹件 共壹件
送达机关	北京市水务局
送达时间	2023年××月××日
送达地点	北京市××区××路××号
送达人	王×、李×
送达方式	直接送达
受送达人	张三
收件人	张三(手写)
收件时间	2023年××月××日××时××分(手写)
备注	

> 收件人和收件时间由当事人手写。

听证笔录

第1页共2页

行政机关：<u>北京市水务局</u>

案由：<u>在××水库库区内使用以柴油、汽油为动力的游船</u>

起止时间：<u>2023年××月××日××时××分至××时××分</u>

地点：<u>北京市××区××路×号×会议室</u>

主持人：<u>孙××</u>　　记录人：<u>赵××</u>　　参加人：<u>张三</u>

案件调查人：<u>王×、李×</u>

记录人：<u>首先，宣布听证会纪律和案件当事人在听证中的权利和义务。</u>

主持人：<u>本案听证会由孙××担任主持人，由赵××担任记录人，现告知当事人在听证会上有以下权利并遵守以下义务：根据《中华人民共和国行政处罚法》《北京市行政处罚听证程序实施办法》等规定，(1)有权对案件涉及的事实、适用法律及有关情况进行陈述和申辩；(2)有权对案件调查人员提出的证据进行质证并提出新的证据；(3)如实陈述案件事实和回答主持人的提问；(4)遵守听证会场纪律、服从听证主持人指挥。</u>

主持人：<u>现核实听证参加人的身份。(核实身份过程略)当事人是否申请主持人和记录人回避？</u>

当事人：<u>略。(根据实际情况填写)</u>

主持人：<u>听证开始，下面由案件调查人提出当事人违法事实、证据、处罚依据及处罚建议。</u>

案件调查人：<u>略。</u>

　　　经核对，以上内容属实　张三（手写）

主持人：<u>孙××（手写）</u>　　记录人：<u>赵××（手写）</u>

案件调查人：<u>王×、李×（手写）</u>　　　2023年××月××日

听证笔录记录要素应包括：
1. 听证记录人宣布听证会场纪律、当事人的权利与义务。听证主持人介绍主持人和记录人，询问核实听证参加人的身份，宣布听证开始。
2. 案件调查人员提出当事人违法的事实、证据、处罚依据以及行政处罚建议。
3. 当事人就案件的事实进行陈述和申辩，提出有关证据，对调查人员提出的证据进行质证。
4. 听取当事人最后陈述。
5. 主持人宣布听证结束。听证笔录交当事人审核无误后以签字、盖章等方式确认。当事人拒绝的，由听证主持人在笔录中注明。听证主持人在听证中有权对参加人不当的辩论内容予以制止，维护正常的听证秩序。

所有参与听证会的人员均需手写签名并签署日期，当事人还需要在核对笔录后手写"经核对，以上内容属实"的意思表示，核对笔录过程中对于记录错误之处可进行修改，在涂改处签字并捺指印。

听证笔录（续页）

第 2 页共 2 页

主持人：请当事人进行陈述和申辩，是否有证据提交？

参加人：略。（记录人如实记录当事人及代理人的陈述和申辩内容）

主持人：请当事人张三作最后陈述。

参加人：略。

主持人：当事人是否还有补充？

参加人：没有了。

主持人：听证结束。核对笔录、签字。（以下空白）

经核对，以上内容属实　张三（手写）

主持人：孙××（手写）　　　　　　　　**记录人：**赵××（手写）

案件调查人：王×、李×（手写）　　　2023 年××月××日

听证报告

京水法听报字〔2023〕第 × 号

案由：在××水库库区内时使用以柴油、汽油为动力的游船

主持人：孙××   **记录人**：赵××

听证参加人：张三、王×（案件调查人）、李×（案件调查人）

听证时间：2023年××月××日××时××分至××时××分

听证地点：北京市××区××路×号×会议室

案件调查人介绍的案件事实及证据：
略。

当事人表示：略。

经本次听证，确认以下事实：略。

主持人意见：
我认为本案违法事实清楚、证据确凿充分、适用法律正确。（此后略）

主持人签名：孙××（手写）   **日期**：2023年××月××日

---

1. 听证报告完整内容应包括以下信息：
（1）举行听证的时间、地点和参加人情况；
（2）执法人员查明的案件情况，以及拟作出的行政处罚内容和依据等；
（3）当事人对行政机关认定的违法事实、情节、适用法律依据等情况的陈述、申辩，以及从轻、减轻或者不予行政处罚的要求；
（4）听证主持人的意见或建议；
（5）听证主持人签署姓名和日期。
2. 听证报告禁止涂改。

"当事人表示"根据当事人、代理人陈述、申辩的内容如实记录；同时，还要记录当事人关于从轻、减轻或者不予行政处罚的要求。

水行政处罚案卷评查常见问题及分析

北京市水务局
行政处罚决定书

京水务罚字〔2023〕第××号

制作行政处罚决定书的注意事项：
1. 行政处罚决定书需加盖行政机关公章。
2. 行政处罚决定书引用法律法规依据应当使用规范全称并具体到条、款、项、目。
3. 行政处罚决定书告知复议机关、诉讼法院名称应当使用单位的规范全称。
4. 行政处罚决定书禁止涂改。

当事人：<u>张三</u>　性别：<u>男</u>　年龄：<u>××</u>
公民身份号码：<u>110××××××××××××</u>
联系电话：<u>131××××1234</u>
住址：<u>北京市××区×街道×小区××号楼</u>

　　经查实，2023年××月××日，你在北京市××区××水库库区内使用以汽油为动力的游船。该行为违反了《北京市河湖保护管理条例》第三十一条第一款的规定，属于违法行为。

　　2023年××月××日，执法队员向你送达了责令限期改正通知书。××月××日，经复查，你已按要求进行了改正。2023年××月××日，执法队员向你单位送达了行政处罚事先告知书并听取了你单位的陈述、申辩；2023年××月××日，执法队员向你单位送达了听证告知书；2023年××月××日执法人员向当事人送达听证通知书；2023年××月××日依法公开进行了听证。以上事实有现场勘验笔录、询问笔录、现场复查记录等材料为证。

　　鉴于你积极改正，具有从轻处罚情节，现本行政机关依据《北京市河湖保护管理条例》第四十四条第一款的规定，对你作出处以罚款×万元整的行政处罚。

自接到本处罚决定书之日起十五日内到银行缴纳罚款，逾期不缴纳罚款的，每日将按处罚数额的3%加处罚款。如确有经济困难，需要延期或者分期缴纳罚款的，可在收到缴款书后十五日内提出书面申请。

如不服本处罚决定，可于接到本《行政处罚决定书》之日起六十日内到北京市人民政府或中华人民共和国水利部申请行政复议，或在六个月内直接向北京市××区人民法院起诉。复议、诉讼期间本处罚决定不停止执行，逾期不申请复议，不起诉又不履行本处罚决定的，本行政机关将申请人民法院强制执行。

北京市水务局

2023年××月××日

（本文书一式两份，一份交当事人，一份由行政机关留存）

本案例作出行政处罚时间为2023年，当事人若不服处罚决定，可向北京市人民政府或中华人民共和国水利部申请行政复议。

2024年1月1日起实施的《中华人民共和国行政复议法》明确县级以上地方各级人民政府统一行使行政复议职责，除海关、金融、外汇管理等实行垂直领导的行政机关、税务和国家安全机关，保留行政复议职责；原则上取消地方各级人民政府工作部门的行政复议职责。

因此，根据2024年1月1日起实施的《中华人民共和国行政复议法》规定，当事人如不服处罚决定可向北京市人民政府申请行政复议，或在六个月内直接向有管辖权的人民法院起诉。

附录一

中华人民共和国行政处罚法

（1996年3月17日第八届全国人民代表大会第四次会议通过　根据2009年8月27日第十一届全国人民代表大会常务委员会第十次会议《关于修改部分法律的决定》第一次修正。根据2017年9月1日第十二届全国人民代表大会常务委员会第二十九次会议《关于修改〈中华人民共和国法官法〉等八部法律的决定》第二次修正　2021年1月22日第十三届全国人民代表大会常务委员会第二十五次会议修订）

目　　录

第一章　总　　则

第二章　行政处罚的种类和设定

第三章　行政处罚的实施机关

第四章　行政处罚的管辖和适用

第五章　行政处罚的决定

　　　　第一节　一般规定

　　　　第二节　简易程序

　　　　第三节　普通程序

　　　　第四节　听证程序

第六章　行政处罚的执行

第七章　法律责任

第八章　附　　则

第一章 总 则

第一条 为了规范行政处罚的设定和实施，保障和监督行政机关有效实施行政管理，维护公共利益和社会秩序，保护公民、法人或者其他组织的合法权益，根据宪法，制定本法。

第二条 行政处罚是指行政机关依法对违反行政管理秩序的公民、法人或者其他组织，以减损权益或者增加义务的方式予以惩戒的行为。

第三条 行政处罚的设定和实施，适用本法。

第四条 公民、法人或者其他组织违反行政管理秩序的行为，应当给予行政处罚的，依照本法由法律、法规、规章规定，并由行政机关依照本法规定的程序实施。

第五条 行政处罚遵循公正、公开的原则。

设定和实施行政处罚必须以事实为依据，与违法行为的事实、性质、情节以及社会危害程度相当。

对违法行为给予行政处罚的规定必须公布；未经公布的，不得作为行政处罚的依据。

第六条 实施行政处罚，纠正违法行为，应当坚持处罚与教育相结合，教育公民、法人或者其他组织自觉守法。

第七条 公民、法人或者其他组织对行政机关所给予的行政处罚，享有陈述权、申辩权；对行政处罚不服的，有权依法申请行政复议或者提起行政诉讼。

公民、法人或者其他组织因行政机关违法给予行政处罚受到损害的，有权依法提出赔偿要求。

第八条 公民、法人或者其他组织因违法行为受到行政处罚，其违法行为对他人造成损害的,应当依法承担民事责任。

违法行为构成犯罪,应当依法追究刑事责任的,不得以行政处罚代替刑事处罚。

第二章 行政处罚的种类和设定

第九条 行政处罚的种类:

(一)警告、通报批评;

(二)罚款、没收违法所得、没收非法财物;

(三)暂扣许可证件、降低资质等级、吊销许可证件;

(四)限制开展生产经营活动、责令停产停业、责令关闭、限制从业;

(五)行政拘留;

(六)法律、行政法规规定的其他行政处罚。

第十条 法律可以设定各种行政处罚。

限制人身自由的行政处罚,只能由法律设定。

第十一条 行政法规可以设定除限制人身自由以外的行政处罚。

法律对违法行为已经作出行政处罚规定,行政法规需要作出具体规定的,必须在法律规定的给予行政处罚的行为、种类和幅度的范围内规定。

法律对违法行为未作出行政处罚规定,行政法规为实施法律,可以补充设定行政处罚。拟补充设定行政处罚的,应当通过听证会、论证会等形式广泛听取意见,并向制定机关作出书面说明。行政法规报送备案时,应当说明补充设定行政处罚的情况。

第十二条 地方性法规可以设定除限制人身自由、吊销营业执照以外的行政处罚。

法律、行政法规对违法行为已经作出行政处罚规定,地方性法规需要作出具体规定的，必须在法律、行政法规规定的给予行政处罚的行为、种类和幅度的范围内规定。

法律、行政法规对违法行为未作出行政处罚规定，地方性法规为实施法律、行政法规，可以补充设定行政处罚。拟补充设定行政处罚的，应当通过听证会、论证会等形式广泛听取意见，并向制定机关作出书面说明。地方性法规报送备案时，应当说明补充设定行政处罚的情况。

第十三条　国务院部门规章可以在法律、行政法规规定的给予行政处罚的行为、种类和幅度的范围内作出具体规定。

尚未制定法律、行政法规的，国务院部门规章对违反行政管理秩序的行为，可以设定警告、通报批评或者一定数额罚款的行政处罚。罚款的限额由国务院规定。

第十四条　地方政府规章可以在法律、法规规定的给予行政处罚的行为、种类和幅度的范围内作出具体规定。

尚未制定法律、法规的，地方政府规章对违反行政管理秩序的行为，可以设定警告、通报批评或者一定数额罚款的行政处罚。罚款的限额由省、自治区、直辖市人民代表大会常务委员会规定。

第十五条　国务院部门和省、自治区、直辖市人民政府及其有关部门应当定期组织评估行政处罚的实施情况和必要性，对不适当的行政处罚事项及种类、罚款数额等，应当提出修改或者废止的建议。

第十六条　除法律、法规、规章外，其他规范性文件不得设定行政处罚。

第三章　行政处罚的实施机关

第十七条　行政处罚由具有行政处罚权的行政机关在法定职权范围内实施。

第十八条　国家在城市管理、市场监管、生态环境、文化市场、交通运输、应急管理、农业等领域推行建立综合行政执法制度，相对集中行政处罚权。

国务院或者省、自治区、直辖市人民政府可以决定一个行政机关行使有关行政机关的行政处罚权。

限制人身自由的行政处罚权只能由公安机关和法律规定的其他机关行使。

第十九条　法律、法规授权的具有管理公共事务职能的组织可以在法定授权范围内实施行政处罚。

第二十条　行政机关依照法律、法规、规章的规定，可以在其法定权限内书面委托符合本法第二十一条规定条件的组织实施行政处罚。行政机关不得委托其他组织或者个人实施行政处罚。

委托书应当载明委托的具体事项、权限、期限等内容。委托行政机关和受委托组织应当将委托书向社会公布。

委托行政机关对受委托组织实施行政处罚的行为应当负责监督，并对该行为的后果承担法律责任。

受委托组织在委托范围内，以委托行政机关名义实施行政处罚；不得再委托其他组织或者个人实施行政处罚。

第二十一条　受委托组织必须符合以下条件：

（一）依法成立并具有管理公共事务职能；

（二）有熟悉有关法律、法规、规章和业务并取得行政执法资格的工作人员；

（三）需要进行技术检查或者技术鉴定的，应当有条件组织进行相应的技术检查或者技术鉴定。

第四章　行政处罚的管辖和适用

第二十二条　行政处罚由违法行为发生地的行政机关管辖。法律、行政法规、部门规章另有规定的，从其规定。

第二十三条 行政处罚由县级以上地方人民政府具有行政处罚权的行政机关管辖。法律、行政法规另有规定的，从其规定。

第二十四条 省、自治区、直辖市根据当地实际情况，可以决定将基层管理迫切需要的县级人民政府部门的行政处罚权交由能够有效承接的乡镇人民政府、街道办事处行使，并定期组织评估。决定应当公布。

承接行政处罚权的乡镇人民政府、街道办事处应当加强执法能力建设，按照规定范围、依照法定程序实施行政处罚。

有关地方人民政府及其部门应当加强组织协调、业务指导、执法监督，建立健全行政处罚协调配合机制，完善评议、考核制度。

第二十五条 两个以上行政机关都有管辖权的，由最先立案的行政机关管辖。

对管辖发生争议的，应当协商解决，协商不成的，报请共同的上一级行政机关指定管辖；也可以直接由共同的上一级行政机关指定管辖。

第二十六条 行政机关因实施行政处罚的需要，可以向有关机关提出协助请求。协助事项属于被请求机关职权范围内的，应当依法予以协助。

第二十七条 违法行为涉嫌犯罪的，行政机关应当及时将案件移送司法机关，依法追究刑事责任。对依法不需要追究刑事责任或者免予刑事处罚，但应当给予行政处罚的，司法机关应当及时将案件移送有关行政机关。

行政处罚实施机关与司法机关之间应当加强协调配合，建立健全案件移送制度，加强证据材料移交、接收衔接，完善案件处理信息通报机制。

第二十八条 行政机关实施行政处罚时，应当责令当事人改正或者限期改正违法行为。

当事人有违法所得，除依法应当退赔的外，应当予以没收。违法所得是指实施违法行为所取得的款项。法律、行政法规、部门规章对违法所得的计算另有规定的，从其规定。

第二十九条　对当事人的同一个违法行为，不得给予两次以上罚款的行政处罚。同一个违法行为违反多个法律规范应当给予罚款处罚的，按照罚款数额高的规定处罚。

第三十条　不满十四周岁的未成年人有违法行为的，不予行政处罚，责令监护人加以管教；已满十四周岁不满十八周岁的未成年人有违法行为的，应当从轻或者减轻行政处罚。

第三十一条　精神病人、智力残疾人在不能辨认或者不能控制自己行为时有违法行为的，不予行政处罚，但应当责令其监护人严加看管和治疗。间歇性精神病人在精神正常时有违法行为的，应当给予行政处罚。尚未完全丧失辨认或者控制自己行为能力的精神病人、智力残疾人有违法行为的，可以从轻或者减轻行政处罚。

第三十二条　当事人有下列情形之一，应当从轻或者减轻行政处罚：

（一）主动消除或者减轻违法行为危害后果的；

（二）受他人胁迫或者诱骗实施违法行为的；

（三）主动供述行政机关尚未掌握的违法行为的；

（四）配合行政机关查处违法行为有立功表现的；

（五）法律、法规、规章规定其他应当从轻或者减轻行政处罚的。

第三十三条　违法行为轻微并及时改正，没有造成危害后果的，不予行政处罚。初次违法且危害后果轻微并及时改正的，可以不予行政处罚。

当事人有证据足以证明没有主观过错的，不予行政处罚。法律、行政法规另有规定的，从其规定。

对当事人的违法行为依法不予行政处罚的，行政机关应当对当事人进行教育。

第三十四条　行政机关可以依法制定行政处罚裁量基准，规范行使行政处罚裁量权。行政处罚裁量基准应当向社会公布。

第三十五条　违法行为构成犯罪，人民法院判处拘役或者有期徒刑时，行政机关已经给予当事人行政拘留的，应当依法折抵相应刑期。

违法行为构成犯罪，人民法院判处罚金时，行政机关已经给予当事人罚款的，应当折抵相应罚金；行政机关尚未给予当事人罚款的，不再给予罚款。

第三十六条　违法行为在二年内未被发现的，不再给予行政处罚；涉及公民生命健康安全、金融安全且有危害后果的，上述期限延长至五年。法律另有规定的除外。

前款规定的期限，从违法行为发生之日起计算；违法行为有连续或者继续状态的，从行为终了之日起计算。

第三十七条　实施行政处罚，适用违法行为发生时的法律、法规、规章的规定。但是，作出行政处罚决定时，法律、法规、规章已被修改或者废止，且新的规定处罚较轻或者不认为是违法的，适用新的规定。

第三十八条　行政处罚没有依据或者实施主体不具有行政主体资格的，行政处罚无效。

违反法定程序构成重大且明显违法的，行政处罚无效。

第五章　行政处罚的决定

第一节　一般规定

第三十九条　行政处罚的实施机关、立案依据、实施程序和救济渠道等信息应当公示。

第四十条　公民、法人或者其他组织违反行政管理秩序的行为，依法应当给予行政处罚的，行政机关必须查明事实；违法事实不清、证据不足的，不得给予行政处罚。

第四十一条　行政机关依照法律、行政法规规定利用电子技术监控设备收集、固定违法事实的，应当经过法制和技术审核，确保电子技术监控设备符合标准、设置合理、标志明显，设置地点应当向社会公布。

电子技术监控设备记录违法事实应当真实、清晰、完整、准确。行政机关应当审核记录内容是否符合要求；未经审核或者经审核不符合要求的，不得作为行政处罚的证据。

行政机关应当及时告知当事人违法事实，并采取信息化手段或者其他措施，为当事人查询、陈述和申辩提供便利。不得限制或者变相限制当事人享有的陈述权、申辩权。

第四十二条　行政处罚应当由具有行政执法资格的执法人员实施。执法人员不得少于两人，法律另有规定的除外。

执法人员应当文明执法，尊重和保护当事人合法权益。

第四十三条　执法人员与案件有直接利害关系或者有其他关系可能影响公正执法的，应当回避。

当事人认为执法人员与案件有直接利害关系或者有其他关系可能影响公正执法的，有权申请回避。

当事人提出回避申请的，行政机关应当依法审查，由行政机关负责人决定。决定作出之前，不停止调查。

第四十四条　行政机关在作出行政处罚决定之前，应当告知当事人拟作出的行政处罚内容及事实、理由、依据，并告知当事人依法享有的陈述、申辩、要求听证等权利。

第四十五条　当事人有权进行陈述和申辩。行政机关必须充分听取当事人的意见，对当事人提出的事实、理由和证据，应当进行复核；当事人提出的事实、理由或者证据成立的，行政机关应当采纳。

行政机关不得因当事人陈述、申辩而给予更重的处罚。

第四十六条　证据包括：

（一）书证；

（二）物证；

（三）视听资料；

（四）电子数据；

（五）证人证言；

（六）当事人的陈述；

（七）鉴定意见；

（八）勘验笔录、现场笔录。

证据必须经查证属实，方可作为认定案件事实的根据。

以非法手段取得的证据，不得作为认定案件事实的根据。

第四十七条　行政机关应当依法以文字、音像等形式，对行政处罚的启动、调查取证、审核、决定、送达、执行等进行全过程记录，归档保存。

第四十八条　具有一定社会影响的行政处罚决定应当依法公开。

公开的行政处罚决定被依法变更、撤销、确认违法或者确认无效的，行政机关应当在三日内撤回行政处罚决定信息并公开说明理由。

第四十九条　发生重大传染病疫情等突发事件，为了控制、减轻和消除突发事件引起的社会危害，行政机关对违反突发事件应对措施的行为，依法快速、从重处罚。

第五十条　行政机关及其工作人员对实施行政处罚过程中知悉的国家秘密、商业秘密或者个人隐私，应当依法予以保密。

第二节　简易程序

第五十一条　违法事实确凿并有法定依据，对公民处以二百元以下、对法人或者其他组织处以三千元以下罚款或者警告的行政处罚的,可以当场作出行政处罚决定。法律另有规定的,从其规定。

第五十二条　执法人员当场作出行政处罚决定的,应当向当事人出示执法证件,填写预定格式、编有号码的行政处罚决定书,并当场交付当事人。当事人拒绝签收的,应当在行政处罚决定书上注明。

前款规定的行政处罚决定书应当载明当事人的违法行为,行政处罚的种类和依据、罚款数额、时间、地点,申请行政复议、提起行政诉讼的途径和期限以及行政机关名称,并由执法人员签名或者盖章。

执法人员当场作出的行政处罚决定,应当报所属行政机关备案。

第五十三条　对当场作出的行政处罚决定,当事人应当依照本法第六十七条至第六十九条的规定履行。

第三节　普通程序

第五十四条　除本法第五十一条规定的可以当场作出的行政处罚外,行政机关发现公民、法人或者其他组织有依法应当给予行政处罚的行为的,必须全面、客观、公正地调查,收集有关证据;必要时,依照法律、法规的规定,可以进行检查。

符合立案标准的,行政机关应当及时立案。

第五十五条　执法人员在调查或者进行检查时,应当主动向当事人或者有关人员出示执法证件。当事人或者有关人员有权要求执法人员出示执法证件。执法人员不出示执法证件的,当事人或者有关人员有权拒绝接受调查或者检查。

当事人或者有关人员应当如实回答询问,并协助调查或者检查,不得拒绝或者阻挠。询问或者检查应当制作笔录。

第五十六条　行政机关在收集证据时，可以采取抽样取证的方法；在证据可能灭失或者以后难以取得的情况下，经行政机关负责人批准，可以先行登记保存，并应当在七日内及时作出处理决定，在此期间，当事人或者有关人员不得销毁或者转移证据。

第五十七条　调查终结，行政机关负责人应当对调查结果进行审查，根据不同情况，分别作出如下决定：

（一）确有应受行政处罚的违法行为的，根据情节轻重及具体情况，作出行政处罚决定；

（二）违法行为轻微，依法可以不予行政处罚的，不予行政处罚；

（三）违法事实不能成立的，不予行政处罚；

（四）违法行为涉嫌犯罪的，移送司法机关。

对情节复杂或者重大违法行为给予行政处罚，行政机关负责人应当集体讨论决定。

第五十八条　有下列情形之一，在行政机关负责人作出行政处罚的决定之前，应当由从事行政处罚决定法制审核的人员进行法制审核；未经法制审核或者审核未通过的，不得作出决定：

（一）涉及重大公共利益的；

（二）直接关系当事人或者第三人重大权益，经过听证程序的；

（三）案件情况疑难复杂、涉及多个法律关系的；

（四）法律、法规规定应当进行法制审核的其他情形。

行政机关中初次从事行政处罚决定法制审核的人员，应当通过国家统一法律职业资格考试取得法律职业资格。

第五十九条　行政机关依照本法第五十七条的规定给予行政处罚，应当制作行政处罚决定书。行政处罚决定书应当载明下列事项：

（一）当事人的姓名或者名称、地址；

（二）违反法律、法规、规章的事实和证据；

（三）行政处罚的种类和依据；

（四）行政处罚的履行方式和期限；

（五）申请行政复议、提起行政诉讼的途径和期限；

（六）作出行政处罚决定的行政机关名称和作出决定的日期。

行政处罚决定书必须盖有作出行政处罚决定的行政机关的印章。

第六十条　行政机关应当自行政处罚案件立案之日起九十日内作出行政处罚决定。法律、法规、规章另有规定的，从其规定。

第六十一条　行政处罚决定书应当在宣告后当场交付当事人；当事人不在场的，行政机关应当在七日内依照《中华人民共和国民事诉讼法》的有关规定，将行政处罚决定书送达当事人。

当事人同意并签订确认书的，行政机关可以采用传真、电子邮件等方式，将行政处罚决定书等送达当事人。

第六十二条　行政机关及其执法人员在作出行政处罚决定之前，未依照本法第四十四条、第四十五条的规定向当事人告知拟作出的行政处罚内容及事实、理由、依据，或者拒绝听取当事人的陈述、申辩，不得作出行政处罚决定；当事人明确放弃陈述或者申辩权利的除外。

第四节　听证程序

第六十三条　行政机关拟作出下列行政处罚决定，应当告知当事人有要求听证的权利，当事人要求听证的，行政机关应当组织听证：

（一）较大数额罚款；

（二）没收较大数额违法所得、没收较大价值非法财物；

（三）降低资质等级、吊销许可证件；

（四）责令停产停业、责令关闭、限制从业；

（五）其他较重的行政处罚；

（六）法律、法规、规章规定的其他情形。

当事人不承担行政机关组织听证的费用。

第六十四条　听证应当依照以下程序组织：

（一）当事人要求听证的，应当在行政机关告知后五日内提出；

（二）行政机关应当在举行听证的七日前，通知当事人及有关人员听证的时间、地点；

（三）除涉及国家秘密、商业秘密或者个人隐私依法予以保密外，听证公开举行；

（四）听证由行政机关指定的非本案调查人员主持；当事人认为主持人与本案有直接利害关系的，有权申请回避；

（五）当事人可以亲自参加听证，也可以委托一至二人代理；

（六）当事人及其代理人无正当理由拒不出席听证或者未经许可中途退出听证的，视为放弃听证权利，行政机关终止听证；

（七）举行听证时，调查人员提出当事人违法的事实、证据和行政处罚建议，当事人进行申辩和质证；

（八）听证应当制作笔录。笔录应当交当事人或者其代理人核对无误后签字或者盖章。当事人或者其代理人拒绝签字或者盖章的，由听证主持人在笔录中注明。

第六十五条　听证结束后，行政机关应当根据听证笔录，依照本法第五十七条的规定，作出决定。

第六章　行政处罚的执行

第六十六条　行政处罚决定依法作出后，当事人应当在行政处罚决定书载明的期限内，予以履行。

当事人确有经济困难，需要延期或者分期缴纳罚款的，经当事人申请和行政机关批准，可以暂缓或者分期缴纳。

第六十七条　作出罚款决定的行政机关应当与收缴罚款的机构分离。

除依照本法第六十八条、第六十九条的规定当场收缴的罚款外，作出行政处罚决定的行政机关及其执法人员不得自行收缴罚款。

当事人应当自收到行政处罚决定书之日起十五日内，到指定的银行或者通过电子支付系统缴纳罚款。银行应当收受罚款，并将罚款直接上缴国库。

第六十八条　依照本法第五十一条的规定当场作出行政处罚决定，有下列情形之一，执法人员可以当场收缴罚款：

（一）依法给予一百元以下罚款的；

（二）不当场收缴事后难以执行的。

第六十九条　在边远、水上、交通不便地区，行政机关及其执法人员依照本法第五十一条、第五十七条的规定作出罚款决定后，当事人到指定的银行或者通过电子支付系统缴纳罚款确有困难，经当事人提出，行政机关及其执法人员可以当场收缴罚款。

第七十条　行政机关及其执法人员当场收缴罚款的，必须向当事人出具国务院财政部门或者省、自治区、直辖市人民政府财政部门统一制发的专用票据；不出具财政部门统一制发的专用票据的，当事人有权拒绝缴纳罚款。

第七十一条　执法人员当场收缴的罚款，应当自收缴罚款之日起二日内，交至行政机关；在水上当场收缴的罚款，应当自抵岸之日起二日内交至行政机关；行政机关应当在二日内将罚款缴付指定的银行。

第七十二条　当事人逾期不履行行政处罚决定的，作出行政处罚决定的行政机关可以采取下列措施：

（一）到期不缴纳罚款的，每日按罚款数额的百分之三加处罚款，加处罚款的数额不得超出罚款的数额；

（二）根据法律规定，将查封、扣押的财物拍卖、依法处理或者将冻结的存款、汇款划拨抵缴罚款；

（三）根据法律规定，采取其他行政强制执行方式；

（四）依照《中华人民共和国行政强制法》的规定申请人民法院强制执行。

行政机关批准延期、分期缴纳罚款的，申请人民法院强制执行的期限，自暂缓或者分期缴纳罚款期限结束之日起计算。

第七十三条　当事人对行政处罚决定不服，申请行政复议或者提起行政诉讼的，行政处罚不停止执行，法律另有规定的除外。

当事人对限制人身自由的行政处罚决定不服，申请行政复议或者提起行政诉讼的，可以向作出决定的机关提出暂缓执行申请。符合法律规定情形的，应当暂缓执行。

当事人申请行政复议或者提起行政诉讼的，加处罚款的数额在行政复议或者行政诉讼期间不予计算。

第七十四条　除依法应当予以销毁的物品外，依法没收的非法财物必须按照国家规定公开拍卖或者按照国家有关规定处理。

罚款、没收的违法所得或者没收非法财物拍卖的款项，必须全部上缴国库，任何行政机关或者个人不得以任何形式截留、私分或者变相私分。

罚款、没收的违法所得或者没收非法财物拍卖的款项，不得同作出行政处罚决定的行政机关及其工作人员的考核、考评直接或者变相挂钩。除依法应当退还、退赔的外，财政部门不得以任何形式向作出行政处罚决定的行政机关返还罚款、没收的违法所得或者没收非法财物拍卖的款项。

第七十五条 行政机关应当建立健全对行政处罚的监督制度。县级以上人民政府应当定期组织开展行政执法评议、考核,加强对行政处罚的监督检查,规范和保障行政处罚的实施。

行政机关实施行政处罚应当接受社会监督。公民、法人或者其他组织对行政机关实施行政处罚的行为,有权申诉或者检举;行政机关应当认真审查,发现有错误的,应当主动改正。

第七章 法律责任

第七十六条 行政机关实施行政处罚,有下列情形之一,由上级行政机关或者有关机关责令改正,对直接负责的主管人员和其他直接责任人员依法给予处分:

(一)没有法定的行政处罚依据的;

(二)擅自改变行政处罚种类、幅度的;

(三)违反法定的行政处罚程序的;

(四)违反本法第二十条关于委托处罚的规定的;

(五)执法人员未取得执法证件的。

行政机关对符合立案标准的案件不及时立案的,依照前款规定予以处理。

第七十七条 行政机关对当事人进行处罚不使用罚款、没收财物单据或者使用非法定部门制发的罚款、没收财物单据的,当事人有权拒绝,并有权予以检举,由上级行政机关或者有关机关对使用的非法单据予以收缴销毁,对直接负责的主管人员和其他直接责任人员依法给予处分。

第七十八条 行政机关违反本法第六十七条的规定自行收缴罚款的,

财政部门违反本法第七十四条的规定向行政机关返还罚款、没收的违法所得或者拍卖款项的，由上级行政机关或者有关机关责令改正，对直接负责的主管人员和其他直接责任人员依法给予处分。

第七十九条　行政机关截留、私分或者变相私分罚款、没收的违法所得或者财物的，由财政部门或者有关机关予以追缴，对直接负责的主管人员和其他直接责任人员依法给予处分；情节严重构成犯罪的，依法追究刑事责任。

执法人员利用职务上的便利，索取或者收受他人财物、将收缴罚款据为己有，构成犯罪的，依法追究刑事责任；情节轻微不构成犯罪的，依法给予处分。

第八十条　行政机关使用或者损毁查封、扣押的财物，对当事人造成损失的，应当依法予以赔偿，对直接负责的主管人员和其他直接责任人员依法给予处分。

第八十一条　行政机关违法实施检查措施或者执行措施，给公民人身或者财产造成损害、给法人或者其他组织造成损失的，应当依法予以赔偿，对直接负责的主管人员和其他直接责任人员依法给予处分；情节严重构成犯罪的，依法追究刑事责仟。

第八十二条　行政机关对应当依法移交司法机关追究刑事责任的案件不移交，以行政处罚代替刑事处罚，由上级行政机关或者有关机关责令改正，对直接负责的主管人员和其他直接责任人员依法给予处分；情节严重构成犯罪的，依法追究刑事责任。

第八十三条　行政机关对应当予以制止和处罚的违法行为不予制止、处罚，致使公民、法人或者其他组织的合法权益、公共利益和社会秩序遭受损害的，对直接负责的主管人员和其他直接责任人员依法给予处分；情节严重构成犯罪的，依法追究刑事责任。

第八章　附　则

第八十四条　外国人、无国籍人、外国组织在中华人民共和国领域内有违法行为,应当给予行政处罚的,适用本法,法律另有规定的除外。

第八十五条　本法中"二日""三日""五日""七日"的规定是指工作日,不含法定节假日。

第八十六条　本法自 2021 年 7 月 15 日起施行。

附录二

北京市实施行政处罚程序若干规定

（1996年9月23日北京市人民政府第15号令发布 根据2018年2月12日北京市人民政府第277号令第一次修改 根据2023年11月15日北京市人民政府第311号令第二次修改）

第一条 为贯彻实施《中华人民共和国行政处罚法》，制定本规定。

第二条 本市各级行政机关实施行政处罚，应当遵守本规定。

法律、法规授权的具有管理公共事务职能的组织在法定授权范围内实施行政处罚，以及依法受委托的组织在委托范围内实施行政处罚，适用本规定的有关规定。

法律、法规、部门规章及本市其他规章对行政处罚程序另有规定的，从其规定。

第三条 市人民政府可以决定一个行政机关行使有关行政机关的行政处罚权；可以决定将基层管理迫切需要的区人民政府部门的行政处罚权交由能够有效承接的乡镇人民政府、街道办事处行使，并定期组织评估。决定应当公布。

第四条 除法律、行政法规、部门规章另有规定的外，行政处罚由违法行为发生地的行政机关管辖。

对当事人的同一违法行为，两个以上行政机关都有管辖权的，由最先立案的行政机关管辖。

对管辖发生争议的，应当协商解决，协商不成的，报请共同的上一级行政机关指定管辖；也可以直接由共同的上一级行政机关指定管辖。

行政机关实施行政处罚过程中，发现属于其他机关管辖的违法行为，应当将有关线索和证据及时移送具有管辖权的机关处理。

第五条 行政机关因实施行政处罚的需要，可以向有关行政机关提出协助请求。除紧急情况外，行政机关应当书面提出协助请求。书面协助请求应当载明请求协助的事由、事项、协助方式、协助结果反馈期限和方式以及其他需要载明的事项，并加盖行政机关印章。

协助事项属于被请求机关职权范围内的，应当依法予以协助；不属于被请求机关职权范围内的，应当及时告知请求机关。

第六条 违法行为涉嫌犯罪或者职务违法的，行政机关应当按照国家和本市有关规定，及时将案件移送司法机关或者监察机关。

司法机关、监察机关依法将案件移送行政机关，行政机关有管辖权的，应当接收并在依法作出处理后三个工作日内将处理结果反馈移送机关；没有管辖权的，应当及时告知移送机关。

第七条 行政机关应当加强行政执法信息化建设，积极运用现代信息技术手段发现违法线索、提示提醒违法行为、开展调查或者检查，提高行政执法效率和规范化水平。

行政机关对通过现代信息技术手段采集的数据应当依法采取必要的保密措施，严格限制其使用范围，不得泄露或者向他人非法提供。

第八条 执法人员依法当场作出行政处罚决定，应当遵守下列程序：

（一）向当事人出示执法证件；

（二）告知当事人拟作出行政处罚的内容及事实、理由、依据，以及当事人依法享有的陈述、申辩等权利，并充分听取当事人意见；

（三）填写预定格式、编有号码的行政处罚决定书；

（四）将行政处罚决定书当场交付当事人，当事人拒绝签收的，应当在行政处罚决定书上注明；

（五）在两个工作日内将行政处罚决定报所属行政机关备案。

当场作出的行政处罚决定书应当载明当事人的违法行为，行政处罚的种类和依据、罚款数额、时间、地点，申请行政复议、提起行政诉讼的途径和期限以及行政机关名称，并由执法人员签名或者盖章。

依法可以当场收缴罚款的，还应当向当事人出具财政部门统一制发的专用票据。不出具财政部门统一制发的专用票据的，当事人有权拒绝缴纳罚款。

第九条 除依法可以当场作出的行政处罚外，符合下列条件的，行政机关应当及时立案：

（一）有证据初步证明存在违反行政管理秩序的行为；

（二）依法可能给予行政处罚；

（三）属于本行政机关管辖。

第十条 执法人员调查案件应当依法收集证据。证据包括：

（一）书证；

（二）物证；

（三）视听资料；

（四）电子数据；

（五）证人证言；

（六）当事人的陈述；

（七）鉴定意见；

（八）勘验笔录、现场笔录。

证据必须经查证属实，方可作为认定案件事实的根据。

以非法手段取得的证据，不得作为认定案件事实的根据。

第十一条 执法人员在调查或者进行检查时，应当主动向当事人或者有关人员表明身份、出示执法证件、说明来意和事由，并告知当事人享有的权利和义务。

当事人或者有关人员有权要求执法人员出示执法证件。执法人员不出示执法证件的，当事人或者有关人员有权拒绝接受调查或者检查。

第十二条 执法人员在调查或者进行检查时，可以采取下列措施：

（一）进入与被调查或者检查对象有关的场所进行勘验、检验、检测、监测等；

（二）对调查或者检查的过程进行文字、音像记录；

（三）查阅、复制有关资料；

（四）询问当事人、有关人员；

（五）要求提供有关资料或者就有关情况作出说明；

（六）法律、法规、规章规定的其他措施。

调查或者进行检查时，执法人员应当遵守法律、法规、规章的规定，当事人或者有关人员应当予以协助并如实回答询问，不得拒绝或者阻挠。

第十三条　执法人员在调查或者进行检查时，应当规范制作调查笔录或者填写行政检查单。调查或者检查完成后，执法人员应当将笔录、检查单交由当事人或者有关人员核对并签名或者盖章。无明确当事人和有关人员或者当事人、有关人员拒绝在笔录、检查单上签名或者盖章的，执法人员应当注明情况并签名。

第十四条　行政机关收集证据时，可以采取抽样取证的方法；在证据可能灭失或者以后难以取得的情况下，经行政机关负责人批准，可以先行登记保存。

情况紧急，需要当场先行登记保存的，执法人员应当在二十四小时内向行政机关负责人报告，并补办批准手续。行政机关负责人认为不应当先行登记保存的，应当立即解除。

第十五条　行政机关实施抽样取证或者先行登记保存，应当通知当事人到场并全程录音录像。执法人员现场制作物品清单，一式两份，记录物品名称、数量、规格等情况，清单经当事人核对并签名或者盖章后，一份交付当事人。

当事人不到场、拒绝签收的，执法人员可以邀请见证人现场见证并签字确认。没有见证人或者见证人拒绝签字的，由两名以上执法人员在清单上签字并注明情况。

原地保存先行登记物品可能妨害公共秩序、公共安全或者存在其他不适宜原地保存情况的，可以异地保存。

第十六条　行政机关对先行登记保存的物品，应当及时采取记录、复制、拍照、录像等措施保全证据，并在七个工作日内作出下列处理决定：

（一）需要进行技术检验或者鉴定的，送交检验或者鉴定；

（二）依法应当没收的，决定没收；

（三）依法应当移送有关部门处理的，移交有关部门；

（四）不再需要先行登记保存的，退还当事人；

（五）法律、法规、规章规定的其他处理方式。

逾期未作出处理决定的，先行登记保存自动解除。

第十七条 有下列情形之一，经行政机关负责人批准，可以中止案件调查，中止调查的原因消除后，应当立即恢复案件调查：

（一）行政处罚决定必须以相关案件的裁判结果或者其他行政决定为依据，而相关案件尚未审结或者其他行政决定尚未作出的；

（二）涉及法律适用等问题，需要送请有权机关作出解释或者确认的；

（三）因不可抗力致使案件暂时无法调查的；

（四）法律、法规、规章规定的其他应当中止调查的情形。

实施违法行为的公民已经死亡或者法人、其他组织已经终止，且无权利义务承受人的，经行政机关负责人批准，终止案件调查。

第十八条 行政机关作出行政处罚决定前，应当书面告知当事人拟作出的行政处罚内容及事实、理由、依据，并告知当事人依法享有的陈述、申辩等权利。

行政机关必须充分听取当事人的意见，不得因当事人陈述、申辩而给予更重的处罚。行政机关未依照前款规定履行告知义务，或者拒绝听取当事人的陈述、申辩，不得作出行政处罚决定；当事人明确放弃陈述或者申辩权利的除外。

行政机关拟作出《中华人民共和国行政处罚法》第六十三条第一款规定的行政处罚决定，应当书面告知当事人有要求听证的权利。当事人要求听证的，行政机关应当依照《中华人民共和国行政处罚法》和《北京市行政处罚听证程序实施办法》的规定组织听证。

第十九条　调查终结,执法人员应当就案件的事实、证据、处罚依据和建议,向行政机关负责人书面报告。行政机关负责人应当对调查结果进行审查,根据不同情况,分别作出行政处罚、不予行政处罚、移送其他机关等决定。

第二十条　对情节复杂或者重大违法行为给予行政处罚,行政机关负责人应当集体讨论决定。法律、法规、规章对情节复杂、重大的违法行为未作出规定的,由市级行政机关作出规定。

法律、法规、规章规定应当经市或者区人民政府批准的行政处罚,应当报经批准后作出决定。

第二十一条　有下列情形之一,行政机关应当在作出行政处罚决定前进行法制审核:

（一）涉及重大公共利益的;

（二）直接关系当事人或者第三人重大权益,经过听证程序的;

（三）案件情况疑难复杂、涉及多个法律关系的;

（四）法律、法规规定应当进行法制审核的其他情形。

符合前款规定情形,法制审核通过的,行政机关负责人应当集体讨论作出决定;未经法制审核或者审核未通过的,不得作出决定。

第二十二条　行政机关依法决定给予行政处罚,应当制作行政处罚决定书。行政处罚决定书应当载明下列事项,并加盖行政机关印章:

（一）当事人的姓名或者名称、地址;

（二）违反法律、法规、规章的事实和证据;

（三）行政处罚的种类、依据,以及行政处罚裁量基准的适用情况;

（四）行政处罚的履行方式和期限;

（五）申请行政复议、提起行政诉讼的途径和期限;

（六）作出行政处罚决定的行政机关名称和作出决定的日期。

经市或者区人民政府批准的行政处罚，应当在行政处罚决定书中载明。

第二十三条 有下列情形之一，行政机关依法决定不予行政处罚的，应当制作不予行政处罚决定书：

（一）不满十四周岁的未成年人有违法行为的；

（二）精神病人、智力残疾人在不能辨认或者不能控制自己行为时有违法行为的；

（三）违法行为轻微并及时改正，没有造成危害后果的；

（四）初次违法且危害后果轻微并及时改正的；

（五）当事人有证据足以证明没有主观过错的。

第二十四条 不予行政处罚决定书应当载明下列事项，并加盖行政机关印章：

（一）当事人的姓名或者名称、地址；

（二）违反法律、法规、规章的事实和证据；

（三）不予行政处罚的结论、理由和依据；

（四）申请行政复议、提起行政诉讼的途径和期限；

（五）作出不予行政处罚决定的行政机关名称和作出决定的日期。

第二十五条 除可以当场作出行政处罚决定的外，行政机关应当自行政处罚案件立案之日起九十日内作出行政处罚决定。因案情复杂，不能在规定期限内作出处理决定的，经行政机关负责人批准，可以延长办案期限，最长不得超过六十日。

案件办理过程中，检测、检验、检疫、鉴定、评估、公告时间不计入前款所指的案件办理期限。

第二十六条 行政处罚决定书应当在宣告后当场交付当事人；当事人不在场的，行政机关应当在七个工作日内依照《中华人民共和国民事诉讼法》的有关规定，将行政处罚决定书送达当事人。

当事人同意并签订送达信息确认书的，行政机关可以按照当事人确认的传真、电子邮件、即时通讯等方式，将行政处罚决定书等送达当事人。

第二十七条 行政处罚决定依法作出后，当事人应当在行政处罚决定书载明的期限内，按照规定的方式履行。需要缴纳罚款的，除依法当场收缴外，当事人应当自收到行政处罚决定书之日起十五日内，到指定的银行或者通过电子支付系统缴纳。

银行代收罚款或者通过电子支付系统缴纳罚款的具体办法，按照国家和本市有关规定执行。

第二十八条 当事人确有经济困难，需要延期或者分期缴纳罚款的，应当在缴款期限届满前提出书面申请，经行政机关批准，可以延期或者分期缴纳。

当事人申请延期或者分期缴纳罚款的，应当有明确的申请事项、理由和履行承诺。申请延期缴纳罚款的，应当明确拟申请延期的期限；申请分期缴纳罚款的，应当明确拟分期缴纳的期次和每期缴纳的金额、期限。

第二十九条 当事人逾期不履行行政处罚决定的，作出行政处罚决定的行政机关可以采取下列措施：

（一）到期不缴纳罚款的，从逾期之日起每日按罚款数额的百分之三加处罚款，加处罚款的数额不得超出罚款的数额；

（二）根据法律规定，将查封、扣押的财物拍卖、依法处理或者将冻结的存款、汇款划拨抵缴罚款；

（三）根据法律规定，采取其他行政强制执行方式；

（四）依照《中华人民共和国行政强制法》的规定申请人民法院强制执行。

行政机关批准延期、分期缴纳罚款的，申请人民法院强制执行的期限，自暂缓或者分期缴纳罚款期限结束之日起计算。

第三十条 符合下列情形之一，行政机关可以结案：

（一）行政处罚决定执行完毕的；

（二）不予行政处罚的；

（三）案件移送有关机关的；

（四）案件终止调查的；

（五）其他应当结案的情形。

第三十一条　行政机关及其执法人员违法实施行政处罚，或者收缴罚没财物的，依照《中华人民共和国行政处罚法》的规定追究法律责任。

第三十二条　本规定自 2024 年 1 月 1 日起施行。